Cinco Dias
noUmbral

*Desejo a você, que comprou este livro, que a mensagem
por ele trazida conforte o seu coração e preencha
qualquer dúvida em relação à vida eterna.
Que a felicidade seja parte de sua vida todos os dias.*

Cinco Dias no Umbral

OSMAR BARBOSA

Pelo Espírito de Nina Brestonini

*O autor cedeu os direitos autorais desta obra à
Fraternidade Espírita Amor e Caridade.
Rua São Sebastião, 162 - Itaipu - Niterói
Rio de Janeiro
www.fraternidadeespirita.org*

Cinco Dias no Umbral

Book Espírita Editora
14ª Edição
| Rio de Janeiro | 2020 |

OSMAR BARBOSA
Pelo Espírito de Nina Brestonini

BOOK ESPÍRITA EDITORA

ISBN: 978-85-917837-0-0

Editor
Raul Santa Helena

Ilustração Capa
Evandro "Barba" Melo

Projeto Gráfico Capa e Diagramação
Marco Mancen Design Studio

Revisão
Josias A. de Andrade

Marketing e Comercial
Michelle Santos

Pedidos de Livros e Contato Editorial
comercial@bookespirita.com.br

Copyright © 2020 by
BOOK ESPÍRITA EDITORA
Região Oceânica, Niterói, Rio de Janeiro.

14ª edição
Prefixo Editorial: 92620
Impresso no Brasil

Todos os direitos reservados e protegidos pela Lei 9.610, de 19/02/1998. Nenhuma parte deste livro pode ser reproduzida ou transmitida por quaisquer formas ou meios eletrônicos ou mecânicos, incluindo fotocópia, gravação, digitação, entre outros, sem permissão expressa, por escrito, dos editores.

Recomendamos após esta leitura, a segunda obra,
que é parte desta história: leia
Cinco Dias no Umbral - O Resgate.

A Editora

Outros livros psicografados por Osmar Barbosa

Gitano - As Vidas do Cigano Rodrigo

O Guardião da Luz

Orai & Vigiai

Colônia Espiritual Amor e Caridade

Ondas da Vida

Antes que a Morte nos Separe

Além do Ser - A História de um Suicida

A Batalha dos Iluminados

Joana D'Arc - O Amor Venceu

Eu Sou Exu

500 Almas

Cinco Dias no Umbral - O Resgate

Entre nossas Vidas

O Amanhã nos Pertence

O Lado Azul da Vida

Mãe,Voltei!

Depois...

O Lado Oculto da Vida

Entrevista com Espíritos - Os Bastidores do Centro Espírita

Colônia Espiritual Amor e Caridade - Dias de Luz

O Médico de Deus

Amigo Fiel

Impuros - A Legião de Exus

Vinde à Mim

Autismo - A Escolha de Nicolas

Umbanda para Iniciantes

Parafraseando Chico Xavier

Agradecimento

Agradeço, primeiramente, a Deus por ter me concedido esse dom, esse verdadeiro privilégio de servir humildemente como um mero instrumento dos planos superiores.

Agradeço a Jesus Cristo, espírito modelo, por guiar, conduzir e inspirar meus passos nessa desafiadora jornada terrena.

Agradeço a Nina Brestonini a oportunidade e por permitir que estas humildes palavras, registradas neste livro, ajudem as pessoas a refletirem sobre suas atitudes, evoluindo.

Agradeço, ainda, aos meus familiares, pela cumplicidade, compreensão e dedicação. Sem vocês ao meu lado me dando todo tipo de suporte, nada disso seria possível.

E agradeço a você, leitor, que comprou este livro e com sua colaboração nos ajudará a conseguir levar a Doutrina Espírita e todos os seus benefícios e ensinamentos para mais e mais pessoas.

Obrigado.

A todos, os meus mais sinceros agradecimentos.

Osmar Barbosa

*"E ninguém, acendendo uma lamparina,
a põe em oculto, nem debaixo do vaso, mas no topo,
para que os que entram vejam a luz.
A lamparina do corpo é o olho. Sendo, pois, o
teu olho simples, também todo o teu corpo será
luminoso; mas, se for mau, também o teu corpo será
tenebroso. Vê, pois, que a luz que em ti há não sejam
trevas. Se, pois, todo o teu corpo é luminoso, não
tendo em trevas parte alguma, todo será luminoso,
como quando a lamparina te ilumina com o seu
resplendor."*

Lucas 11:33-36

A palavra "umbral" vem do étimo latino "umbra" que significa "sombra" ou "tudo o que faz sombra".

"Umbral" também é utilizado para denominar aquela laje de pedra ou madeira que é colocada na parte inferior de uma porta, também conhecida como soleira, e funciona como demarcação de separação entre dois ambientes.

Na Doutrina Espírita, o termo "umbral" aparece na obra "Nosso Lar", escrita por Chico Xavier pelo espírito de André Luiz, que o explicou como sendo o "estado ou lugar transitório por onde passam as pessoas que não souberam aproveitar a vida na Terra".

Note que o sentido espírita carrega em si a origem do termo, pois trata-se de uma dimensão de sombra antes de evoluirmos para a luz divina, sendo uma passagem entre as duas dimensões: a material e a espiritual.

Conheça um pouco mais de Osmar Barbosa em
www.osmarbarbosa.com.br

Sumário

21 | VIDA

33 | NINA

47 | DANIEL

63 | SORAYA

83 | DESPEDIDA

103 | CASA

113 | DIA 1

127 | DIA 2

143 | DIA 3

163 | DIA 4

197 | DIA 5

*"A missão do médium é o livro.
O livro é chuva que fertiliza lavouras imensas,
alcançando milhões de almas."*

Emmanuel

Vida

"Nascer, morrer, renascer ainda, progredir sempre, tal é a Lei."

Allan Kardec

OSMAR BARBOSA

Qual seria a mais difícil de todas as perguntas? Entre todos os questionamentos da humanidade, qual seria essa pergunta sem resposta? Não me refiro àquelas questões mais cotidianas de nossas vidas ordinárias. Dúvidas como "O que vou ser quando crescer?", "Será que vou me casar com um homem bonito e rico?", "Quantos filhos vou ter?", "Meu primeiro filho vai ser menino ou menina?". Enfim, coisas desse tipo que todos nós nos perguntamos frequentemente. Essas perguntas, claro, possuem sua importância. Isso não há como negar e nem pretendo fazê-lo. Todos nós temos esse anseio de antecipar o futuro, de saber das coisas antes que elas aconteçam, de dominar os fatos antes mesmo que eles ocorram. Mas estes são, de forma relativa, questionamentos menos importantes, devo lhe dizer, amigo leitor. Eles estão limitados ao olhar de uma jornada terrena apenas. E posso afirmar, sem medo de errar, que é preciso ampliar nosso olhar para toda a nossa caminhada evolutiva, de encarnação a encarnação, enquanto seres eternos que somos. Essas perguntas focam apenas em nossos

~ 21 ~

dilemas pessoais, mais simplistas, totalmente factuais e momentâneos. Coisas dessa vida de agora e ponto-final. Acontece que na vida, amigo, não há ponto-final.

A vida não se resume a esta vida. Quando tomamos consciência disso, tudo ganha uma perspectiva totalmente nova, renovada e inspiradora.

Nós, os seres humanos, vivemos em uma busca incessante por bens materiais. Somos ligados à matéria de uma forma profundamente carnal. Estamos sempre tão preocupados com nossas contas, nosso carro, nosso apartamento, nossas posses, que esquecemos do mais importante: nosso tesouro interior. O nosso patrimônio intelectual e emocional. Pensamos a todo momento em nosso bem-estar financeiro atual e futuro. Mas que futuro, ora bolas?

A gente costuma esquecer que o maior patrimônio que podemos acumular em nossas vidas é o conhecimento. Nossas vidas devem ser uma busca inesgotável pelo saber. Uma das formas de evoluirmos nesta grande jornada que é a vida é buscarmos fazer as perguntas certas. Precisamos nos rodear daqueles questionamentos maiores, superiores, para os quais, aparentemente, poucos de nós de fato conseguiram resposta. Mas fique tranquilo. Elas, as respostas, todos nós conheceremos um dia. No dia em que nos for merecido.

a *vida* não se resume a esta *vida*

Cinco Dias no Umbral

Afinal, qual o porquê de nossa existência terrena? Por que encarnamos aqui e agora? Qual o objetivo de quem me criou e com qual propósito ele fez isso? Se alguma força dirige todo este sistema que chamamos de vida, que força é essa? E por que ela faz isso? De onde será que eu vim, quem eu já fui um dia? E para onde vou depois de morrer? Por que meu filho é o meu filho? Por que tenho essa cor de pele? Por que uso esse idioma? Por que nasci nesse continente? Qual o objetivo de ter nascido e estar aqui neste lugar? Não é incrível pensar como uma decisão diferente, uma microdecisão, como escolher um colégio ou uma faculdade diferente da que cursamos de fato, poderia ter mudado todo nosso destino? Isso inclui nossos círculos de amizade, talvez a esposa, os filhos, tudo. Por que e como tomamos essas decisões, então? Somos intuídos ou decidimos única e exclusivamente por nós mesmos?

Será que às vezes você não se pega perguntando por que suas provas são mais difíceis do que as provas dos outros? Por que você tem tantas dificuldades na vida enquanto outros têm tantas facilidades? Por que todos temos que ter fé, enquanto um monte de gente não tem fé nenhuma? Será que existe algum tipo de força divina que criou e hoje administra tudo o que está à nossa volta? Será que sou eterno, e assim sendo, tenho outras vidas pela frente? Se isso for verdade, como eu deveria me preparar para essas vidas futuras? Se realmente viemos de algum lugar, que lugar é esse? E depois, para onde a gente vai quando deixar essa vida corporal?

Meu amigo leitor, só podemos ter certeza de uma coisa nessa vida: todos faremos a viagem de volta um dia.

Afinal, uma coisa é certa: cada um de nós conhece a data de chegada. É aquela que está anotada na sua certidão de nascimento.

Mas ninguém revela para nós o dia de nossa viagem de volta. Só sabemos que voltaremos exatamente da mesma forma que chegamos: desnudos, sem carregar nenhum bem material, nem sequer roupas. E como meros viajantes que somos, temos que estar em constante preparação para o momento certo.

Essa viagem de volta será realizada em um trem imaginário, igualzinho a um trem de verdade, de ferro e aço na estrutura, e paisagens na janela. Um trem que vai, lentamente, percorrendo as estações da vida, uma após a outra, como etapas que você tem que superar até chegar ao destino final. Em algumas delas, deixa um ou outro passageiro. Em outras, novos tripulantes embarcam, repletos de dúvidas ou de certezas. Cada estação é como um estágio diferente de evolução. Nessa longa e desafiadora viagem de aperfeiçoamento que é a vida, passamos por muitas e muitas estações. Uma dessas estações é conhecida pelo nome de Umbral, que é o cenário principal dessa história que vamos desbravar juntos neste livro.

~ 25 ~

Cinco Dias no Umbral

Mas será que você, com o que evoluiu até hoje, pode dizer que irá sentado na janela ou na parte escura desse trem da vida? Vamos viajar escondidos no vagão dos fundos, como clandestinos, ou seremos convidados especiais nos vagões mais importantes do trem? E quanto tempo será necessário viajar para chegarmos ao nosso destino? Todos que estão nesse trem evoluirão por sua vontade própria ou não, lenta ou velozmente. Alguns passarão por estradas de ferro ajardinadas. Outros, por longos caminhos sombrios sem nenhuma luz. Alguns viajarão por belas ferrovias que nem sequer barulho fazem. Outros, por estradas esburacadas e repletas de obstáculos. Que estrada você quer para você?

Somos seres espirituais criados para evoluir. Essa é a nossa missão essencial. Nunca duvide disso. E essa viagem evolutiva não é opcional, é necessária e compulsória. Podemos insistir em não perceber isso. Mas acredite, em um dado momento, você será convocado a ter consciência plena disso tudo. E será como um raio intenso de sol rasgando o breu da noite da ignorância, resplandecendo em um novo e magnífico amanhecer de conhecimento diante de você.

Então você compreenderá como as encarnações são o instrumento usado pelo Arquiteto dessa grande construção chamada de existência. É o que impulsiona cada um de nós a seguir em frente, mesmo diante das dificuldades mais impeditivas. E você entenderá que, para cima, tudo converge.

A vida é uma escola na qual somos alunos que evoluem, de série em série, ano após ano. Se puxarmos na memória, nós lembraremos daquele colega de sala que não queria nada com o estudo, não é mesmo? E o que acontecia com esse mau aluno? Simplesmente não mudava de série, não evoluía, virava um repetente. Somente aqueles que de fato se dedicavam aos estudos e ao bom comportamento conseguiam alcançar o direito de passar de ano, de evoluir para a próxima série.

Na vida é exatamente assim que acontece, querido leitor. E essa evolução constante e progressiva, planejada milimetricamente pelo grande Arquiteto para todos, não se resume apenas ao estudo e à compreensão de nossa existência de forma mais clara. Também se faz necessário cumprir com os trabalhos especiais, como aqueles que os professores nos encomendavam para ganharmos pontos além da média, você se lembra? Estes trabalhos especiais da vida se resumem a uma singela, mas imprescindível palavrinha: caridade.

Fora da caridade não há salvação. E essa caridade é dividida em dois tipos. Há aquela conhecida como beneficente, a que se restringe essencialmente às doações mate-

Cinco Dias no Umbral

riais. Porém, principalmente, deve-se praticar a caridade benevolente, aquela que doa sentimentos, amor, gestos fraternais, perdão, misericórdia, mesmo para aqueles que você poderia, erroneamente, negar algo por considerar não serem merecedores.

Bom, o papo está ótimo, muito gostoso mesmo. É sempre uma grande alegria trocar conhecimentos e aprendizados. Mas há uma história incrível, uma verdadeira saga repleta de amor e compaixão, esperando que nós a adentremos juntos, de mãos dadas, caminhando pelas trilhas do conhecimento, do amor e da caridade.

Osmar Barbosa

*Trago para você, amigo leitor,
uma linda história de amor,
compaixão, caridade, fé e
esperança, trazida a mim pelo
espírito de Nina Brestonini.
Espero que vocês gostem.
Boa leitura!*

Nina

"Entrai pela porta estreita,
porque a porta da perdição é larga, e o
caminho que a ela conduz é espaçoso. Há
muitos que por ela entram. E como a porta
da vida é pequena. Como o caminho que a
ela conduz é estreito. E como há poucos que
a ela encontram."

Mateus 7:13 e 14

OSMAR BARBOSA

Nina era uma menina com jeito de mulher. Uma mulher com jeito de menina. Uma moça de uma leveza adorável e cativante. Gentil com todos e sempre especialmente carinhosa com a família e os amigos mais próximos. Chegava aos ambientes sempre de uma forma descontraída, leve como uma brisa quente em um fim de tarde de verão, aquela que entra sorrateira pela fresta da janela e traz uma tranquilidade gostosa pra gente. Suave como uma gota de orvalho, trazia em si um frescor que espalhava alegria pelo ar. Era praticamente impossível não sorrir ao encontrá-la, mesmo que ao acaso, de forma repentina, pela cidade, em alguma esquina qualquer. Claro que seria um sorriso sem graça, daqueles que a gente pendura na cara e nem imagina o quão bobo estamos parecendo. Isso porque seus olhos eram como se fossem duas pérolas verdes, brilhosas, que ficavam ainda mais cativantes quando eram sobrepostos por uma mecha desinibida e ondulada de seus cabelos ruivos que se aventurava em dançar por ali.

Era exatamente com essa cara de bobo que George a

segurou pela primeira vez em seus braços, ainda na maternidade. O pai mais bobo do mundo. Poderia, inclusive, chegar ao ponto de ter que pegar emprestado um dos babadores do enxoval de Nina para enxugar um pouquinho de toda essa admiração. "E como parece com a mãe!", pensou logo no primeiro segundo em que fitou aqueles olhos esverdeados como a água do mar. Percebia que ela havia herdado o olhar enigmático e cativante ao mesmo tempo. Um olhar que poderia de fato conquistar o mundo, mas que trazia em si a humildade suficiente para se satisfazer em conquistar um sorriso apenas.

Nina desencarnou aos vinte e quatro anos de idade. Despertou do transe imediato após o desencarne já na Colônia Espiritual Amor & Caridade.

– Bom-dia, minha querida Nina.

Nina não conseguiu disfarçar o susto. Estava acordando aos poucos e, de repente, um homem magro, de estatura média, caminhando bem lentamente, se aproximou de sua maca, que parecia não ter contato com o chão. Era Irmão Daniel, Diretor Espiritual da Colônia. Daniel costumava caminhar de uma forma tão solene e tranquila, que parecia levitar suspenso no ar. A voz estava sempre calma e serena, o que fazia com que todos ficassem observando cada uma de suas doces e sábias palavras com uma certa dose de contemplação e admiração. Daniel fora pessoalmente dar as boas-vindas à nova egressa do plano material. Mesmo com a voz ainda trêmula por causa da viagem desgastante que acabara de fazer, Nina buscou entender o que estava acontecendo.

– Onde exatamente estou? Percebo que esse lugar me parece uma enfermaria. Tipo uma enfermaria de uma colônia espiritual, é isso mesmo? Mas quem é você?

Nina estava um tanto quanto aflita e assustada, com as mãos alisando o peito de uma forma angustiada, como se estivesse sentindo um pouco de dor ou um certo desconforto. Conseguiu arriscar um palpite sobre onde estava por ter sido uma moça que sempre procurava ler muitos livros, entre eles aqueles escritos por Chico Xavier e Allan Kardec. Levantou o corpo lentamente para apoiar suas costas um pouco mais acima na maca. Confessou, meio envergonhada, estar com a boca seca, no que foi prontamente atendida por Marques, assistente que acompanhava Daniel. Marques estendeu a ela um copo com água fresca e cristalina. Daniel procurou acalmá-la.

– Fique tranquila, Nina. Aos poucos você recobrará não somente sua integridade energética como o conhecimento a respeito de tudo. Você vem passando por momentos de muita dificuldade.

– Será que foi por isso que tive esses sonhos estranhos que me remeteram à Terra? Parecia estar lá ainda, tive essa sensação muito real. Conseguia ver claramente minha mãe, meus irmãos e meu pai. Estavam todos fazendo muitas preces por mim. Senti uma forte dor no peito, intensa e profunda. Foi então que dormi e acordei aqui, muito assustada.

– Não precisa se preocupar, Nina. A oração vibra com intensidade em nosso espírito. Quando direcionada para a melhora de sua doença, ela vibra sobre o mal pelo qual seu corpo físico está passando neste momento.

– Mas como assim, Irmão Daniel?

– Sua família está em oração por seu coração, órgão adoecido do seu corpo físico. Aqui, no mundo espiritual, você sente as vibrações vindas da Terra, como se o seu coração espiritual batesse fraco e doente. Lembre-se: a matéria é tão e simplesmente um meio, não o fim, o propósito, como muitos pensam de forma equivocada.

Daniel prosseguiu com as explicações, sempre de forma calma e tranquila.

– Você sabia que seu corpo físico já teve a morte cerebral decretada pelos médicos? Logo, todo este sofrimento vai ser interrompido assim que seus pais autorizarem que os aparelhos que mantêm seu corpo físico vivo sejam desligados em definitivo. Porém, seus pais ainda alimentam esperanças de que você resista e reaja. Por isso não autorizaram que os médicos desligassem os aparelhos.

– Acho que começo a compreender. Com isso, mesmo sem querer, e sem perceber, acabam aumentando e prolongando o sofrimento, não é mesmo, Irmão Daniel?

– Sim, Nina, é isso mesmo. E ainda bem que você pôde vir direto para nossa colônia, pois aqui é, e sempre foi, o seu lugar. Foi daqui mesmo que você saiu para dar os ensinamentos tão importantes para todos aqueles que estiveram juntos de você no plano material nessa encarnação. A dor é uma bênção que Deus envia aos seus eleitos. Seja paciente. A lembrança da existência corpórea não se apresenta ao espírito de maneira completa e repentina logo após a morte, mas sim pouco a pouco, de forma lenta e gradual, como algo que sai de um nevoeiro.

– Obrigada, Irmão. Começo a me sentir mais tranquila. E agora tenho que seguir em frente, progredindo e, sempre que me for autorizado, estarei com eles na vida corpórea, auxiliando a todos em seu processo evolutivo.

– Que bom, Nina! Acredite, muito em breve estes sentimentos mais dolorosos deixarão de acometer você.

– Agradeço muito, Irmão Daniel, por tudo. A você e a todos que me recebem com tanto carinho aqui na Colônia.

– Minha querida, você não precisa agradecer, nem a mim, nem a ninguém. Esta rápida recuperação é mérito todinho seu, pelo tanto que você se dedicou em suas jornadas terrenas.

Cinco Dias no Umbral

Nina sorriu e, em um flash momentâneo, se recordou de alguns momentos de sua vida. Recobrou a atenção quando Irmão Daniel, sorrindo levemente, continuou falando:

– Mas hoje, além de vir fazer esta visitinha para você, vim também com o intuito de lhe fazer um convite muito especial.

– Jura? Qual convite, Irmão?

– Você se lembra de sua prima Soraya?

– Claro, me lembro sim, com muito carinho.

– Pois então, sua prima também desencarnou recentemente e está, neste momento, nas regiões umbralinas. Nossos mentores espirituais nos concederam uma permissão para resgatá-la. Após todas as orações e preces feitas por muitos familiares e amigos, inclusive por seus pais, fomos convocados a partirmos em uma missão de resgate do espírito de sua prima no Umbral.

– Nossa, que lindo! Fico feliz em saber que ela será resgatada do Umbral, um lugar tão feio, tão ruim. Mas você havia comentado que queria me fazer um convite?

– Isso mesmo. Então, gostaríamos muito que você fosse conosco nessa nobre missão, tão logo você se recuperasse mais um tanto. Você aceitaria?

– Oi??? Como assim? Eu? Eu, Nina? Euzinha?

~ 38 ~

Nina respondeu confusa com o convite inesperado, mas também com uma certa dose de alegria pela honra, o que se denotava no brilho em seu olhar enquanto buscava entender tudo aquilo.

– Isso mesmo, Nina, você. Temos a certeza de que tudo isso será muito importante para a Soraya e para você.

Sem nem pensar muito, Nina foi enfática e impulsiva.

– Mas claro que aceito, Irmão. Agradeço a honra e ficarei feliz em ajudar vocês e minha prima em seu resgate.

– Que ótimo! Boa notícia para todos. Principalmente para Soraya, que ficará duplamente feliz: com o resgate e com sua presença. Sua prima era uma menina com um lindo caminho. Mas, infelizmente, não ouviu os conselhos e ensinamentos de seus pais e amigos, inclusive os seus, sempre tão importantes, todas as vezes em que tinha oportunidade de estar com ela. Acabou que seu desencarne se deu de forma prematura e violenta.

– Nossa, mas o que houve com ela? Como ela desencarnou?

Nina, muito curiosa, não se conteve em saber mais sobre sua prima.

– Ela foi assassinada e, neste momento, está sendo despertada por espíritos obsessores no Umbral. Mas não se preocupe. As preces vindas da Terra, juntamente com as

Cinco Dias no Umbral

energias que estamos enviando daqui da colônia espiritual, estão protegendo Soraya de agressões mais profundas, além de estarem proporcionando um estado melhor de consciência, preparando-a para o resgate. Por isso as orações direcionadas pelas pessoas que permanecem no plano material são tão importantes para os recém-desencarnados. Você verá quando estivermos no Umbral. São verdadeiras ondas de um fluxo de luz intensa que invadem o céu negro umbralino e conseguem reconfortar os espíritos que vagam por lá, tão necessitados dessas vibrações positivas.

Enquanto Daniel explicava, Nina o olhava com atenção e certa dose de emoção. Atenção, por serem palavras valiosas de um espírito de muita luz, muito evoluído que, para tanto, estudou muito a Doutrina Espírita e a Divina Lei. E emoção, por sentir fluxos de luz em si própria, que eram fruto das orações emanadas por seus pais, e que traziam para ela um grande alento, como se fosse um cobertor de lã cujos fios seriam como sentimentos calorosos do bem, que cobriam sua pele com fraternidade e ternura.

– Nossa Daniel, incrível.

Mas, receosa, Nina complementou:

– Mas, desculpe, Irmão. Será que devo mesmo ir? É que não sei se estou preparada. Não me sinto segura. Será que realmente consigo acompanhar essa caravana? Será que devo mesmo acompanhar vocês? Ainda sinto tão fortemente os laços que me mantêm conectada com meu corpo na Terra. Não seria prudente esperar mais um pouco? Não sei. O que você acha, Daniel?

Daniel, sempre reconfortador e compreensivo, tranquilizou Nina com palavras gentilmente proferidas:

– Fique tranquila, Nina. Acho prudente sim esperarmos um pouco mais para que você esteja prontamente restabelecida para essa viagem. Façamos o seguinte: ainda temos algum tempo para essa missão se iniciar. Pense mais um pouco. Não quero influenciá-la...

Como se, com um simples olhar, o Irmão Daniel já não fosse capaz de influenciar milhares de pessoas, pensou Nina com seus botões, deixando, inclusive, escapar um sorriso, enquanto Daniel prosseguia:

– ... mas acredito que seria muito bom para ela ser resgatada por quem a conhece tão profundamente. Afinal, vocês conviveram juntas e foram melhores amigas no plano secundário.

Nina concordou com um movimento de cabeça e um sorriso de agradecimento no rosto. Ainda naquele breve momento, Nina pensou que sim, claro, como não concordar com o Irmão Daniel?

– Ficamos assim combinados então: voltaremos a con-

Cinco Dias no Umbral

versar sobre isso logo mais. Saberemos a hora certa de partirmos, fique tranquila.

Ajeitando-se na maca, Nina diz:

– Obrigada, Irmão Daniel, por sua compreensão e toda ajuda que tem dedicado a mim e à minha família.

Daniel então afagou carinhosamente as mãos de Nina, transmitindo a ela fluidos de paz e serenidade. Em questão de segundos, Nina voltaria a dormir o sono da recuperação.

Antes de se retirar, Irmão Daniel ainda se curvou para sussurrar algumas palavras no ouvido de Nina:

– E, olha, um simples olhar meu não tem tanto poder assim como você imagina.

Mesmo já sonolenta, com os olhos fechados, Nina sorriu ao perceber que Daniel tinha escutado seus pensamentos.

"Ainda que eu andasse pelo vale da sombra da morte, não temeria mal algum, porque tu estás comigo."

Salmos 23:4

Daniel

"Tomai sobre vós o meu jugo, e aprendei de mim, que sou manso e humilde de coração; e encontrareis descanso para as vossas almas. Porque o meu jugo é suave e o meu fardo é leve."

Mateus 11:29-30

Irmão Daniel é um espírito iluminado que atua como principal dirigente da Colônia de Catarina de Alexandria, a Colônia Amor & Caridade. Ele coordena uma equipe composta por dezoito espíritos de muita luz que o auxiliam na organização e todo funcionamento da Colônia. Essa seleção de colaboradores é formada, em sua maioria, por médicos que viveram encarnações na Terra e hoje cuidam, dentro de cada uma de suas especialidades, dos pacientes da Colônia. Cada colaborador tem suas responsabilidades, sempre divididas por setores. Tudo é muito bem organizado e administrado. Toda semana há encontros entre todos para, juntos, decidirem o melhor acompanhamento de todos os espíritos que estão vivendo em Amor & Caridade e, ainda, de todos os espíritos encarnados assistidos nas casas espíritas do plano terreno também.

A Colônia Amor & Caridade é composta por treze grandes galpões, três dos quais dedicados especialmente à recuperação, transição e realinhamento, tudo por meio de terapias do sono e passes dados pelos espíritos assistentes.

Cinco Dias no Umbral

Outros quatro galpões servem de enfermaria, onde os pacientes na idade adulta que desencarnam em hospitais, muitos deles vítimas de câncer, são acolhidos. Outros dois são especialmente destinados às crianças, também vítimas de câncer.

Há ainda um galpão, o maior de todos, onde funciona o setor administrativo, com salas e amplos teatros onde são feitas as reuniões com os espíritos que trabalham no plano material, seja nas casas espíritas, em centros cirúrgicos ou nos hospitais. Os três galpões que faltam mencionar funcionam como centro de treinamento e escola.

Há em toda a colônia amplos jardins, lagos e praças, onde os espíritos se encontram para o lazer e orações contemplativas. As praças são extensas e muito bem gramadas, com diversos brinquedos para as crianças, balanços, pedalinhos, escorrega, entre outros.

Daniel não foi escolhido para presidir e administrar a Colônia Amor & Caridade à toa. Sua trajetória espiritual é marcada por vidas dedicadas ao amor ao próximo e à evolução espiritual.

Os primeiros anos da vida religiosa do Frei Daniel de Samarate decorrem do ano de 1896. Tinha apenas vinte anos de idade mas já era considerado um professor respeitado pela comunidade religiosa local. Estudou Teologia com esmero e dedicação, sempre cultivando grandes ide-

OSMAR BARBOSA

ais em seu coração. Com o ardor de seu espírito iniciante, pediu para ser enviado como um jovem missionário na nova Missão Capuchinha que iniciava suas ações nas regiões Norte e Nordeste do Brasil.

Os superiores aceitaram prontamente seu pedido, provavelmente percebendo o forte desejo do rapaz em contribuir e também evoluir espiritualmente. E foi assim que, no dia 8 de agosto de 1898, Frei Daniel partiu com destino ao Brasil na companhia de outros jovens frades repletos de entusiasmo e sonhos, assim como ele. Mas todos esses adolescentes promissores precisavam de um tutor à altura, que acompanhasse essa evolução espiritual de perto. Para tal missão foi escalado Reinaldo Panigada de Paullo, que havia chegado à Itália exatamente com o propósito de procurar e recrutar reforços cheios de energia para colaborarem com o projeto cristão. Apenas três anos depois, Frei Reinaldo seria um dos mártires da Revolta de Alto Alegre.

Em setembro, Frei Daniel chega ao Nordeste e, destinado à cidade de Canindé, no Ceará, continua com fervor o estudo da Teologia e do Evangelho, empenhando-se de corpo e alma para aprender a língua portuguesa a fim de entregar-se totalmente a serviço do novo povo. Na virada do século, logo no início de 1900, Frei Daniel foi transferido para a Colônia Agrícola de Santo Antônio da Prata,

Cinco Dias no Umbral

no Pará, como diretor dos meninos indígenas, que encontraram abrigo neste colégio. Daniel ali permaneceu por quase catorze anos de luta e dedicação, período no qual foi contaminado pela lepra, doença que o obrigará a viver isolado no futuro. Mas isso em nada atrapalhou Daniel nesta primeira e nobre missão. Entregou-se com todo o ardor e caridade no coração, organizando com carinho e devoção a vida das crianças.

No entanto, alguns acontecimentos muito tristes, tanto para Daniel quanto para a missão, estavam prestes a acontecer, para colocar à prova o empenho, a coragem e as virtudes humanas e cristãs de Frei Daniel.

Tudo aconteceu nas primeiras horas do amanhecer do dia 13 de março de 1901. Estamos falando de uma tragédia terrível e sem precedentes. Quatro frades, sete freiras e cerca de duzentos fiéis foram massacrados cruelmente por um grupo de índios Guajajaras que não toleravam as normas disciplinares introduzidas pelos missionários. Não se sabe se influenciados por políticos e donos de terra locais, os índios empunhavam armas de fogo e haviam fechado tempos atrás os olhos à santa novidade do Evangelho.

Em face dessa hecatombe e dos cadáveres insepultos, terrivelmente deformados pela ação rápida e impiedosa das armas, Frei Carlos de San Martin Olearo, então Superior Regular das Missões do Norte, sofre uma queda física, psicológica e moral. Com isso, perde de forma irremediável a memória e a capacidade de atuação, de modo que toda a administração da Colônia Agrícola de Santo Antônio da Prata acaba por recair sobre os ombros de um jovem e promissor missionário de apenas vinte e cinco anos. Isso mesmo: Frei Daniel. Foram então treze anos ininterruptos de apostolado santo, repleto de realizações sociais e grandes feitos. Tudo realizado com uma força inexplicável, que provavelmente vinha da forte convicção de ter sido enviado pelo bom Deus em pessoa.

Por treze anos consecutivos, Frei Daniel foi missionário no verdadeiro e mais profundo sentido da palavra. Por todos estes anos, cuidou dos índios e de seus filhos, sempre de modo especial. Viveu com os índios mais do que todos os outros missionários, atuando exemplarmente como um hábil timoneiro na condução das pessoas da selva para o esplendor da cruz. Daniel desencarnou aos 48 anos de idade no dia 19 de maio de 1924, no retiro São Francisco, próximo ao asilo dos leprosos do Tucunduba.

* * *

Depois da conversa com Nina, Daniel retorna à sua sala sendo acompanhado por Marques, que estava um tanto quanto afoito e esbaforido, o que não deixava de ser co-

Cinco Dias no Umbral

mum, tendo em vista que o assistente era conhecido por todos pela sua ansiedade sempre latente.

– Irmão Marques, percebo-o com certa dose de ansiedade.

Marques então se pôs a falar, praticamente sem um respiro, para recobrar um pouco do fôlego que parecia já lhe faltar:

– Então, Irmão Daniel, será que não seria melhor partirmos logo para as regiões umbralinas para o resgate da menina Soraya? Como sabes, recebemos a informação segura de que ela está pronta para ser resgatada e, por isso, assim sendo, deste modo, temos que partir o quanto antes, pois a vibração positiva enviada pelos familiares a estão acordando, fazendo com que seu espírito esteja reverberando essas energias para o resgate e assim...

Sorrindo e, como sempre, muito calmo, Frei Daniel o interrompeu, com gentileza, claro.

– Meu querido Marques, fique tranquilo. Está tudo seguindo a ordem natural. Está tudo transcorrendo como o previsto. E isso inclui levarmos nossa irmã Nina conosco. Vimos que ela pediu um tempo para decidir. Como sei que realmente ela precisa deste tempo, vamos concedê-lo. Logo, teremos que aguardar. Mas, por ora, podemos fazer o seguinte: o que você acha de chamarmos a Irmã Sheila para que você a acompanhe em uma nova visita à Nina logo mais? Vocês podem realizar um passe nela e conseguirão certamente motivá-la ainda mais. Logo, logo, ela estará se sentindo mais apta e confiante para nos acompanhar na missão.

– Ótimo, excelente, muito boa ideia, claro, farei isso agora mesmo, neste exato momento, sem perder tempo...

– Isso mesmo. Então pode ir, Marques.

A passos curtos mas extremamente ágeis, Marques deixa a sala de Daniel e caminha rapidamente pelos jardins da colônia até chegar à enfermaria de número três, para convidar a Irmã Sheila para a nobre tarefa. Depois de ajudar Sheila em alguns afazeres, eles finalmente se dirigem para a enfermaria em que Nina está repousando. Chegando lá, percebem que Nina ainda repousa em sono profundo. Há uma música instrumental muito bonita, bem baixinha, tomando todo o ambiente da enfermaria. O som das teclas do piano e dos acordes do violino parece flutuar no mesmo ritmo dos fluidos de cor violeta que pairam sobre as macas. Dra. Sheila e Marques começam o passe, colhendo justamente estes fluidos que percorrem o ar e os direcionam para o peito de Nina.

Sheila comenta que Nina é um espírito de muita luz e que a recente tarefa cumprida por ela na Terra, apesar de elevá-la ainda mais, foi muito desgastante, tendo deixado cravado em seu coração alguns sentimentos de insegurança. Mas Sheila também pressentiu que, logo, logo, ela

Cinco Dias no Umbral

estaria prontamente recuperada e preparada para as novas tarefas do mundo espiritual.

A sensibilidade de Irmã Sheila dificilmente se equivoca. Nina realmente é um espírito muito iluminado que durante muitos anos atuou na Terra em sucessivas encarnações, somando um total de dezoito. Encarnou em vários países e em diversas missões. Viveu como enfermeira, tendo atuado bravamente na Segunda Guerra Mundial. Viveu também como deficiente mental e deficiente física, passando por provas muito difíceis, sempre resignada e focada em sua melhora espiritual. Durante muitas encarnações foi freira de irmandades, cumprindo nobre missão determinada por ela mesma. Ainda assim, Nina precisa de repouso e passes para encontrar seu equilíbrio no mundo espiritual, após mais uma encarnação de provas e missões.

Nina despertou do sono depois de um bom tempo transcorrido após o passe que Sheila e Marques lhe aplicaram. Logo que despertou, chamou por Lucas, um dos enfermeiros que caminhavam pelo corredor entre as macas para conferir se estava tudo bem. Assim como Nina, havia alguns espíritos recém-desencarnados repousando. Assim que avistou Lucas, Nina o chamou sussurrando para não acordar os demais. Pediu que assim que fosse possível, o Irmão Daniel fosse chamado, pois ela gostaria muito de falar com ele. Lucas não pensou duas vezes. Foi na mesma hora ao encontro de Daniel para passar o recado.

– Irmão Daniel, Irmão Daniel, Irmã....

– Sim, Irmão Lucas, como está Nina?

Daniel interpelou Lucas já com um leve sorriso no rosto, como se soubesse o porquê da vinda dele ao seu encontro e até mesmo o porquê do próprio chamado de Nina. Lucas respondeu meio desconfiado, pois talvez nem fosse preciso dizer o motivo de sua vinda.

– Nina parece muito bem. Despertou com muita sede e imediatamente pediu que o chamasse, pois desejava falar o quanto antes com você.

– Muito obrigado, Lucas. Assim que terminar alguns afazeres inadiáveis irei ao encontro de Nina.

Algum tempo depois, Daniel entra pela porta principal da enfermaria e caminha vagarosamente até chegar ao leito de Nina.

– Olá, minha querida Nina, como está você?

– Olá, Daniel, que bom revê-lo! Estou bem, me sentindo muito melhor, mais disposta. Posso até dizer revigorada. Gostaria de conversar um pouquinho com você para saber um pouco mais sobre a missão.

– Claro, minha querida, à disposição.

Cinco Dias no Umbral

– Então, quais seriam, assim, como vou dizer, os riscos reais que podemos enfrentar em uma missão desse tipo nas regiões umbralinas? Sinto-me mais forte. Sinto meu corpo fluídico em expansão, como que retomando minhas forças espirituais tão desgastadas e cansadas de tanto sofrimento físico vivido nos últimos tempos, devido à enfermidade de minha existência no plano material.

Com os olhos já meio emaranhados de lágrimas, Nina prossegue, neste momento segurando uma das mãos do Frei Daniel, que a estendeu em seu consolo.

– A saudade de meus pais ainda é muito grande dentro do meu peito. Até consigo ouvir minha mãe, que tanto amo, sofrendo, chorando, não compreendendo a minha doença. A tristeza que ela ainda carrega dentro de si me faz ficar mais triste e muito sensibilizada com todo este sofrimento.

– Minha doce Nina, você é um espírito elevado que está nessas condições porque não desligaram os aparelhos que mantêm seu corpo físico vivo. Quanto menos você pensar nessa condição, mais fácil será seu desprendimento do corpo físico. Há neste momento pequenos laços fluídicos que ainda a mantêm conectada ao seu corpo no plano material. A força do seu pensamento é tudo neste momento e será decisiva. Vibre seus sentimentos para que essa condição em que você se encontra agora seja resolvida. Procure

OSMAR BARBOSA

não pensar em tudo o que fez você sofrer e logo você verá que estes pequenos laços serão, um a um, desfeitos, libertando você dessa angústia profunda que ainda lhe aflige.

– Era exatamente sobre isso que eu estava refletindo, Irmão Daniel. Meu tempo na Terra foi encerrado, de forma abrupta, ao menos nesta jornada. Não posso manter esperanças para meus familiares que lá ficaram. Rogo a todo o momento que nossa Mentora envie espíritos de luz para nos ajudar, intuindo minha família a desistir de esperar por um coração novo que, sabemos, nunca chegará.

– Verdade, querida Nina. Também venho orando à nossa Mentora para que ela interceda junto a seus familiares para, logo, logo, livrarem você dessa angústia tão dolorosa. Mas você sabe que os propósitos de Deus não são questionáveis, não é mesmo? Simplesmente temos que aceitar as vontades do Pai, sendo pacientes e compreensivos.

– Claro, meu querido Irmão Daniel. Esta certeza é uma das luzes calorosas que me confortam a seguir superando as adversidades.

– Oremos, Irmã, oremos. Deus escolhe os melhores soldados para conferir a eles as provas mais desafiadoras. Ele conhece, ainda mais do que você mesma, a sua própria capacidade. Vamos fazer o seguinte: vamos esperar pelo próximo dia. Quem sabe as coisas não melhoram, não é mesmo?

Cinco Dias no Umbral

– Sejamos pacientes então. Obrigada, Irmão, obrigada.

– Fique em paz, Nina.

Daniel então retorna à sua sala. O gabinete onde ele trabalha diariamente é um lugar muito especial no mundo espiritual. É uma sala ampla com uma grande mesa ao centro, algumas cadeiras confortáveis à frente, em um total de três. Tudo branco. No lado esquerdo da mesa, há um grande vaso adornando a sala, recheado com uma planta cheinha de lindas flores na cor lilás. No lado direito, há uma pequena porta branca que dá acesso a um cômodo onde fica um altar. Ao centro deste altar consegue-se enxergar, vindo de cima, do teto, um raio de luz intenso e brilhante, mas que não ofusca os olhos, nem machuca. É cristalino como um grande diamante em forma de vapor, mas como se tivesse sido polido em forma de cruz. Logo à frente, há um pequeno banco, também branco, onde Daniel costuma ficar por longos períodos em oração e prece. Nas paredes da saleta, grandes vitrais começam no chão e vão até o teto. É possível ouvir uma bela melodia repleta de solos de violinos, piano e harpas angelicais que trazem muita paz e tranquilidade para os espíritos de luz, que costumam se afeiçoar com esse tipo de música.

Daniel adentra a saleta do oratório e senta-se para fazer uma prece por Nina:

*Querida Mentora Espiritual, nossa estima-
da Catarina de Alexandria. Vós, que foste a
grande mestra de nossa evolução, auxilia-
-me com a nossa Irmã Nina. Precisamos seguir com as provas de evolução desta querida Irmã, mas, para tanto, precisamos do
seu desprendimento total da encarnação
anterior. Rogo a ti misericórdia. Se possível, que sejam enviados espíritos de luz
para nos ajudar a intuir a família de Nina
a autorizar que sejam desligados todos os
equipamentos que mantêm seu corpo material vivo. Para tanto, peço-te ainda, humildemente, apenas se for possível, que nos
seja permitido realizar uma viagem à Terra a fim de também influenciarmos de alguma forma, os familiares a tal ato, para que
possamos seguir em frente. Peço-te que nos
ajude a confortar estes mesmos familiares e
amigos, que lá estão a sofrer na esperança
de vida de nossa querida Nina. Sabedores
somos de vossa grandeza, em nome de Jesus, rogamos a ti misericórdia e compreensão para todos. Graças a ti.*

Soraya

*"Os espíritos do Senhor são as virtudes
dos céus, como um imenso exército que
se movimenta desde que Ele recebeu o
comando. Estes espalham-se sobre toda
a superfície da Terra e, semelhantes
às estrelas cadentes, vêm iluminar o
caminho e abrir os olhos aos cegos."*

*Prefácio do Espírito da Verdade do livro
"O Evangelho Segundo o Espiritismo", de Allan Kardec (1864).*

Deus nos permite absolutamente tudo, e por isso nos concede o livre-arbítrio, justamente por sermos a primeira e única espécie a evoluir para o intelecto desenvolvido. O homem tem total liberdade para fazer tudo de ruim que conseguir. E tudo de bom que conseguir também. Quando faz, pensa ou realiza algo ruim, acaba, cedo ou tarde, se prejudicando com isso. Aos poucos, com o passar dos anos, vai aprendendo que o único caminho para a libertação do sofrimento e para a felicidade plena é a prática do bem, da caridade e da prece verdadeira. No fim, o bem sempre vence. O espírito foi programado para evoluir. Por mais que ele se perca pelas desventuras das vidas, perdendo seu tempo precioso, ele jamais regride. Sempre progride. Nascer, morrer, renascer ainda e progredir sempre, tal é a Lei.

Ninguém vai para o Umbral por castigo. O espírito recém-desencarnado vai para o lugar que melhor se adapta à sua vibração espiritual. Quando deseja realmente melhorar, evoluindo suas vibrações para níveis positivos, sempre existirá algum espírito de luz para o ajudar.

Cinco Dias no Umbral

Todos que sofrem no Umbral podem um dia ser resgatados por espíritos do bem e levados para tratamento em colônias espirituais, para que melhorem, evoluam e possam viver em planos de vibrações superiores. Basta que se deseje do fundo do coração e se peça com muita crença.

Em meio ao lodo e águas turvas das regiões umbralinas, Soraya é observada por dois espíritos perturbadores que estão a uma distância de onde é possível espioná-la sem que ela perceba. Eles têm o propósito de piorar ainda mais a situação dos espíritos recém-desencarnados. Muitos sem nem sequer compreender ainda onde estão e o porquê de estarem em um local tão feio, fétido e doloroso.

– Ei, você! Acorda, garota! Tá na hora de acordar! Ei, você...

Eles falam rindo e gritando de uma forma profundamente irritante. Ruminam ofensas em cochichos, no ouvido, como se estivessem combinando o que fazer. Soraya desperta já aos prantos, gritando. Parecia que estava sonhando com a mãe.

– Mãe, mãe, socorro, socorro, mãe, me salva, me tira daqui...

– Olha lá! Olha isso. Ela acha que ainda está viva, chamando pela mamãezinha, que bonitinho, que peninha.

– Muito idiota mesmo essa menina. Nem se deu conta

ainda de onde ela está. Mas vamos deixar essa coitada pra lá, vamos procurar outros espíritos perdidos para perturbar. Afinal, a gente já conseguiu o que a gente queria com essa daí, não é mesmo?

– Isso mesmo – respondeu o outro espírito perturbador, com um sorriso assustador e olhos esbugalhados, enquanto o espírito prosseguiu.

– Nós a conduzimos às drogas e conseguimos chegar ao ápice de nossa missão como espíritos obsessores na Terra: tiramos a vida dessa miserável.

Proferiu uma gargalhada que deve ter acordado mais alguns espíritos assustados e continuou.

– Ela me pagou na mesma moeda o que me fez. Se não tivesse feito futrica com meu nome, eles não teriam me matado e me mandado para esse lugar nojento. Sofre agora, menina, sofre bastante. Paga na carne.

– Isso mesmo, vamos perturbá-la mais e mais, até ela pirar, ficar doidinha.

– Deixa ela pra lá. Vamos embora, vamos pro outro lado, aqui tá muito escuro.

As pessoas, bem como os espíritos e a alma, que é o espírito encarnado, são campos magnéticos muito intensos que se atraem ou se repelem por afinidades ou diferentes tipos de vibrações. Quando você emite vibrações positi-

Cinco Dias no Umbral

vas, por meio de pensamentos e atos do bem, você atrai espíritos que se afeiçoam com essas vibrações, os espíritos de luz. Quando você emite vibrações negativas, fruto de pensamentos ou atos negativos, você atrai espíritos que se afeiçoam com esse tipo de vibração, os espíritos obsessores. Isto acontece na Terra e no mundo espiritual da mesma forma. Por isso, todas as pessoas com sede de vingança e ódio acabam se atraindo para localizações comuns do outro lado da vida. Por isso esses espíritos obsessores encontraram Soraya e a atormentaram.

Percebendo que os obsessores se distanciaram, Soraya volta a chamar por sua mãe a todo instante. Sentindo-se sozinha e desesperada, ainda sem ter a mínima noção de onde estava e do que tinha acontecido para estar ali. As regiões umbralinas são as que mais se assemelham com a Terra. Os espíritos, por estarem ainda muito atrelados à vida material, e por lhe faltarem informação e conhecimento, acabam se sentindo como se realmente estivessem vivos. Por isso, até as necessidades básicas do corpo acabam se manifestando nestes espíritos. Sofrem por sentirem dores, sono, fome, sede, desejos diversos.

– Mãe, mãe, socorro, por favor, me ajuda. Cadê você?

Soraya ficou ali, deitada, sem forças, ainda pensando no que os espíritos cochichavam. Não conseguiu ouvir tudo, mas alguns trechos a intrigaram.

– Do que aqueles dois estavam falando? Por que será que minha mãe não vem? Por que não amanhece aqui neste lugar? Cadê o pessoal? Onde estou?

Soraya então começou a lembrar pouco a pouco o que havia acontecido.

– Lembro de ter saído do baile depois daquela confusão toda. Correria, gente gritando para todo lado. Isso mesmo, aconteceu uma confusão, uma grande confusão. Lembro agora de tiros, mas o que será que aconteceu comigo? Será que eu morri? Mas não estou morta. Olha aqui, estou aqui, sou eu, minha pele, meu cabelo. Tudo muito sujo, imundo, fétido, mas sou eu. Como pode isso? Meu Deus, será que eu morri? Mas Tia Neuza falava que a gente não morria.

Soraya, aos poucos, ia recobrando o que havia acontecido com ela no plano material. A porta da perdição é larga, porque as más paixões são numerosas e o caminho do mal é frequentado pela grande maioria. Já a porta da salvação é estreita, porque as pessoas que querem transpô-la devem fazer grandes esforços sobre si mesmas para vencer as suas más tendências. Poucos a isso se resignam. Há muitos chamados e poucos escolhidos.

– O que será que está acontecendo? Estou aqui há dias. Então acordo e não vejo ninguém. Ninguém me ouve e ninguém vem me ajudar? Que lugar é esse, afinal? Socorro!

Cinco Dias no Umbral

Um grito raivoso vem de longe e assusta Soraya.

– Ô menina nojenta, cala a boca aí! Já tá enchendo o saco com essa falação. Será que você ainda não se tocou que morreu? Você está "mortinha da silva", minha filha. E o pior: está ardendo no inferno, menina. Coisa boa você não fez para estar aqui, né?

– Senhora, me ajuda, por favor. Não consigo enxergar nada, só vejo vultos a toda hora passando para lá e para cá. Essa névoa que não cessa nunca, que não acaba. Meus olhos de fato ardem, minha pele arde. Meu peito dói. Não consigo dormir. Estou com fome e sede. Ninguém traz nada para mim. Isso aqui é uma espécie de prisão?

– Ah, cala essa boca. Vai lamentar com suas negas. Não quero saber dos seus problemas. E isso aqui não é uma prisão não, minha queridinha, isso aqui é o inferno. Só vem para cá quem não presta. E se você está aqui é porque coisa boa você não andou fazendo lá na Terra.

– Como assim? Então quer dizer que eu morri?

– Com certeza, pessoa de inteligência limitada.

– Meu Deus, então aqueles tiros foram em mim? Só me lembro de ter ouvido o barulho dos tiros muito perto de mim e mais nada. Mas então é isso, é isso mesmo. Vi quando o Neco veio em minha direção me xingando e falando que eu nunca mais iria entregar ninguém. Sen-

~ 68 ~

ti uma dor muito forte na cabeça e acordei neste lugar horrível. Será que eu morri assassinada? Meu Deus, que horrível!

– Pelo que você está dizendo, acho que sim, né, coisinha? Então, queridinha, dá uma rezada aí, isso se você acredita nessas coisas. A maioria acaba gostando daqui e vai ficando. Mas tem uns e outros que insistem em acreditar e acabam sumindo. Devem conseguir ir embora para outro lugar. Só não sei se é melhor ou pior do que esse inferno imundo.

– Meu Deus, mas vou orar para quem, como? Nunca nem sequer fui a uma igreja. Só fui uma vez a um centro espírita, da dona Jurema, para falar com uma entidade que disse para eu ter muito cuidado com a vida que eu estava levando. E agora, o que faço?

– Ore, menina. Ore a Deus e, quem sabe, ele manda aí algumas luzes para virem buscar você ou para queimá-la de vez.

– Como faço para sair daqui?

– Caramba, é preciso repetir quantas vezes para você entender? Não para de perguntar as mesmas coisas. Coisa irritante. Já disse: daqui você só sai se alguém vier lhe buscar. E eles só vêm te buscar por merecimento e esse negócio de oração. Eu mesma não tô nem aí, quero mais

Cinco Dias no Umbral

é ficar aqui. Faço o que quero, me sinto bem aqui nesse lugar e é isso.

O Umbral começa na crosta terrestre. É o limiar de passagem entre o plano terrestre e o plano astral mais avançado. Uma divisória vibracional pela qual não consegue atravessar quem tem o corpo espiritual denso, pesado e vibrando negativamente. É como se fosse uma peneira energética. Uma verdadeira alfândega de vibrações. São muitos os espíritos que, mesmo em estado deplorável no Umbral, preferem continuar onde estão. Nesse ponto, acaba não sendo muito diferente do que acontece aqui na Terra. Uma parte dos moradores de rua continuam nas ruas por opção. Não suportam suas casas ou abrigos, onde acabam sendo exigidos em ter algumas obrigações de higiene e limpeza, de organização ou de obediência às regras comuns de qualquer meio de convívio social. E assim, preferem seguir vivendo na miséria a ter que viver sob a austeridade de qualquer lei ou norma. Infelizmente, só se pode ajudar aquele que realmente deseja ser ajudado.

O Umbral é uma região muito pesada justamente porque reflete o estado íntimo de quem está lá. Há lugares que lembram abismos, cavernas escuras, tudo exteriorizado do subconsciente dos espíritos, como formas mentais. Quando se olha no fundo desses abismos, consegue-se enxergar que estão cheios de espíritos, mas eles não voam, são densos e presos ao chão. No plano espiritual, você encontra comunidades miseráveis, cidades medievais, vilas e todo tipo de arranjo social. Isso acontece porque os espíritos vivem presos às estruturas físicas e mentais que mantinham no plano material, das quais, na maioria das vezes, é muito difícil escapar para conseguir evoluir. Nossos pensamentos e emoções se plasmam energeticamente em nossa aura e em nosso corpo espiritual. Nós somos o somatório do que pensamos, sentimos e fazemos durante a vida. Na hora da morte, a vibração do corpo espiritual é a soma de tudo que você pensou, sentiu e fez durante uma vida inteira.

Soraya entra novamente em desespero e volta a chorar muito, recordando-se dos últimos momentos vividos no plano material. Lembra-se que Neco veio em sua direção gritando que nunca mais ela faria fofocas e entregaria ninguém, desferindo então uma sequência de tiros contra ela, na direção de sua cabeça. Uma longa e profunda dor lhe invadiu a alma e um arrependimento sem fim tomou conta de seu peito. Recordou de sua mãe preparando o jantar para ela enquanto aguardava a chegada do seu pai em casa. Conseguiu sentir o cheirinho da cebola refogada com alho, que invadia a casa toda, quando sua mãe começava a preparar o arroz. Lembranças vivas em seu pensamento. Muita saudade que agora faz com que ela reflita sobre os conselhos dados por sua mãe, sempre tão preocupada com seus estudos e com suas más companhias.

Cinco Dias no Umbral

Os espíritos superiores nos dizem que o inferno e o paraíso são portáteis: você os carrega dentro de si. Se estiver bem, o paraíso está dentro de você. Se sair do corpo nessa condição, você é atraído por uma vibração semelhante à que existe em seu interior. A passagem para o que seria o paraíso está dentro de nós. E para o que poderia ser chamado de inferno funciona exatamente da mesma forma. É um estado íntimo. Veja uma pessoa cheia de autoculpa e compare com aquela imagem clássica do diabo colocando alguém dentro da caldeira e espetando. A autoculpa espeta mais do que qualquer diabo, porque nem é preciso o inferno vir de fora e de fato existir. Ele já está dentro de você. E o diabo nada mais é do que a soma desses sentimentos de baixa vibração.

– Ei, menina, ei, você aí...

Soraya, de imediato, procurou se esconder, achando que poderia ser mais um espírito obsessor vindo perturbá-la. Ao perceber que não se deixaria mais ser incomodada, Soraya então é seca e rude, querendo que ele passasse e desistisse de importuná-la.

– Não conheço você. Vai embora.

– Tenha calma. Também estou muito assustado. Estou me sentindo muito mal, não consigo enxergar nada aqui. É tudo muito escuro, estou sofrendo também, desculpe incomodar você...

O rapaz tinha a voz trêmula, como trêmulas eram suas mãos. Estava sujo, coberto com farrapos rasgados que escondiam parte das feridas que trazia em todo o corpo. Soraya percebeu que não se tratava de mais um espírito obsessor.

– Quem é você?

– Me chamo Felipe. Fique calma. A única coisa de que tenho certeza é que precisamos manter a calma e pedir ajuda aos espíritos superiores. Você tem orado?

– Mais ou menos. Tenho pedido a Deus que me salve desse lugar, mas não sei orar direito. Imploro que me tirem daqui o mais rápido possível. Não aguento mais a saudade de minha mãe e de todos.

– Você não deve nutrir saudades do plano material com tanta profundidade. Deve compreender que precisa evoluir e não regredir. E também não é preciso "aprender a orar", como você imagina. Basta desejar profundamente e conversar com os espíritos superiores. É como se você estivesse realmente conversando com eles. É o que chamamos de prece. Mas o que você fazia na Terra? – Felipe perguntou procurando distrair Soraya para acalmá-la.

– Eu tinha uma vida normal de adolescente. Gostava de dançar, de ir a bailes, festas, de me divertir, nada mais. Tenho pensado muito na minha vida, embora pareça que ela realmente não me pertence mais. Penso que posso

Cinco Dias no Umbral

ter errado muito. Acho que errei, de verdade. Agora é fácil pensar que deveria ter escutado minha mãe. Larguei os estudos, me envolvi com drogas e sexo irresponsável. Sempre achei que tirava onda sendo mulher de bandido. Gostava da sensação de estar íntima do poder. De que adiantou? Agora estou aqui sozinha neste lugar horroroso. Só você veio falar comigo. Os outros passam, ficam rindo da minha cara, me amolando, me dizendo bobagens e me xingando. Não fiz nada a eles. Por que será que eles fazem isso comigo? – perguntou Soraya voltando a chorar, o que fazia a maior parte do tempo em que estava no Umbral.

– Olha, deve ser porque você morreu assassinada. Eles gostam quando chegam pessoas iguais a você aqui, pois se identificam com eles, vibram na mesma frequência, você entende?

– Não muito, mais ou menos. Qual o seu nome? Por que só você conversa e é educado comigo?

Antes de responder, Felipe indicou uma pedra, sugerindo que Soraya se acalmasse um pouco e se sentasse. Tudo era negro e repleto de limo. Ao se sentarem, eles tinham diante de si um grande vale repleto de nuvens negras e árvores sem frutos, folhas ou nada que pudesse justificar até que recebessem o nome de árvore. Eram grandes troncos ocos e secos com enormes galhos vazios. Com o tempo, os espíritos penosos se acostumavam com o cheiro forte, que parecia de enxofre e impregnava o ar. Depois de se acomodar ao lado de Soraya, que enxugava as lágrimas com um dos trapos que a cobriam, Felipe prosseguiu.

– Meu nome é Felipe. Você já me perguntou isso, não? Eu converso com você porque já estou há mais tempo aqui. Acabei aprendendo a conviver assim. Aqui tem algumas regras e eu fui aprendendo na pele. Gosto de ajudar aqueles que percebo estarem meio perdidos, que acabaram de chegar ou algo assim.

– Desculpe-me, você realmente já havia me dito seu nome. É que estou muito atordoada. Que regras são essas?

– Bom, primeiro me diga seu nome, né? Que falta de educação a minha não perguntar!

– Soraya, com ípsilon.

– Bem, Soraya com ípsilon, aqui, se você se mostrar frágil, eles se aproveitam para ficar mexendo com você. E o pior: isso acaba sugando de você o que você tiver de bom em sua alma, que veio lá de baixo. Por isso as preces servem não apenas para tentar atrair os espíritos de luz para tirarem você daqui, mas também afastam os espíritos obsessores, que não suportam sequer ouvir qualquer palavra que se dirija aos espíritos de luz. É assim aqui como no plano material. Eles se afeiçoam com hábitos e comportamentos que vibram no mesmo nível que eles gostam de vibrar, entende?

Cinco Dias no Umbral

– Entendo. Mas como assim "lá de baixo"? Lá de baixo, onde?

– Da Terra, ué.

– Quer dizer que eu estou viva aqui e morta na Terra?

– Sim, é mais ou menos isso sim.

– Não consigo acreditar, não consigo aceitar. Então quer dizer que vou viver assim o resto da minha vida?

– Isso eu não consigo lhe responder, infelizmente. Não temos como saber. O que posso lhe dizer é que, uma vez ou outra, aparecem por aqui pequenos grupos de espíritos com muita luz, todos de branco. Eles vêm especialmente para resgatar pessoas que, por merecimento, são levadas para outros lugares. Eles aparecem do nada e possuem grandes raios de luz que saem da pele, como se os circundassem, sabe? Você tenta olhar e a luz parece que vai cegar você de tão forte. Mas, quando você toma coragem e olha, na verdade parece que passa a enxergar até melhor. Enxerga com o coração. Sente uma calma, uma paz que invade você pelos poros e lhe toma à alma. É uma coisa que não consigo explicar assim, aqui, agora. É algo que nunca vi nem senti na vida.

– Meu Deus, será então que alguém vem me buscar?

– Não temos como saber, Soraya. Depende muito de você. E também da sua família, seja na Terra, seja daqueles que já estão nos planos espirituais. Se eles ficarem pedindo por você, orando, desejando que espíritos de luz ajudem você, muito provavelmente alguém virá alguma hora lhe buscar sim.

– Mas então por que você ainda não saiu daqui?

– Eu não tinha família na Terra. Minha família era só eu e minha mãe, que levava uma vida muito desregrada. Era mulher da rua. Quando eu desencarnei foi praticamente um alívio para ela. Daí ela não deve pensar muito em mim, imagina orar por mim. Por mais que eu ore dia e noite, apesar de neste lugar não sabermos bem quando é dia e quando é noite, por causa dessa névoa escura que não cessa nunca, não estou conseguindo sair daqui. Mas tenho fé que minhas pequenas preces serão ouvidas por alguém e que, um dia, eu possa ir para um lugar melhor, um mundo de muita luz.

– Que isso? O que é esse mundo de luz?

– É assim que eles falam: "viemos te buscar para o mundo de luz". Algumas vezes eles chegam em caravanas de anjos celestiais e imediatamente esses espíritos obsessores que te atordoam saem de perto porque não conseguem ficar um segundo sequer tão próximo de tamanha luz. Esses espíritos superiores são extremamente amorosos e levam os que sofrem para se recuperarem em outro lugar. Sabe, Soraya, nunca aceitei muito bem essa condição em

Cinco Dias no Umbral

que me encontro, pois nunca fiz mal a ninguém. Não entendo o porquê de estar aqui. Mas uma coisa é certa: só se sai daqui com o arrependimento sincero, do fundo do peito, e com muita prece. Ouvi dizer que você deve ter a caridade e a humildade mais puras de todas, daquelas que fazem com que perdoe e ore até por aqueles que você, um dia, pode ter considerado seu desafeto, seu inimigo, sei lá. Fora da caridade, não há salvação, Soraya.

– Nossa, realmente é tudo tão confuso e difícil. E como você tem conhecimento sobre tudo isso! Me arrependo de não ter tentado entender isso tudo antes, para me precaver, me antecipar, me adiantar, sei lá. De alguma forma sinto que poderia ter facilitado um pouco mais este momento agora.

– Que bom que estou tendo a oportunidade de ajudar você, mesmo que seja com o mínimo que sei.

– Nossa, se isso é o mínimo, não quero nem saber como chamaria o que eu sei.

– Irmã, agora o que você acha de fazermos uma prece juntos?

– Claro, vamos sim, será ótimo. Assim aprendo mais rápido.

Despedida

*"A vida não cessa. A vida é fonte eterna.
A morte é um jogo escuro das ilusões.
O grande rio tem seu trajeto, antes do
mar imenso. A alma percorre igualmente
caminhos variados e etapas diversas.
Também recebe afluentes de conhecimentos,
aqui e ali, avoluma-se em expressão e
purifica-se em qualidade, antes de encontrar
o oceano eterno da sabedoria."*

Mensagem de André Luiz na obra "Nosso Lar", psicografada por Francisco Cândido Xavier.

Irmão Daniel caminha na direção da enfermaria onde Nina está. Adentra o grande salão exclamando em sua direção.

– Nina, Nina!

Nina estava orando junto a Lucas e Dra. Sheila. Todos se voltaram para Daniel para saber o que estava acontecendo. Afinal, Irmão Daniel não era de andar e falar de forma tão rápida e intensa.

– Oi, Daniel, que alegria revê-lo!

– Ótimas notícias nos chegam do plano material. Finalmente seus familiares decidiram desligar os aparelhos. Todos os nossos esforços funcionaram.

– Que boa notícia, Irmão, mas que boa notícia! Estou muito feliz e aliviada.

– E mais: nos foi autorizado levá-la ao plano material para se despedir deles. Você gostaria?

– Minha nossa, mas é claro! Quero muito.

– Então não vamos perder um segundo sequer. Está pronta?

Cinco Dias no Umbral

– Sim.

– Então, vamos.

Daniel ergue então sua mão à frente da cabeça de Nina e os dois, acompanhados por Lucas, Marques e mais dois guardiões, chegam ao velório de Nina em uma fração de segundos. Sua mãe está sentada, encostada em uma parede, olhando fixamente para a parte de cima do caixão, onde está a cabeça de Nina. Ela está visivelmente muito triste e abalada. O rosto está muito inchado, com muitas marcas, provavelmente por causa de tantos e tantos dias de um choro quase incessante. Nesse momento, estava desabafando com uma de suas irmãs, tia de Nina, que estava sentada ao seu lado. Lamentava a perda da filha tão nova, tão moça e sonhadora.

Nina viveu por apenas vinte e quatro anos na Terra. Nesta encarnação sofreu com os problemas de nascença em seu coração, que logo cedo, foi diagnosticado como tendo má-formação. Ainda no útero de sua mãe sofreu a primeira cirurgia. Vários procedimentos cirúrgicos foram tentados e lhe deram algumas sobrevidas. Mas ao fim, só o transplante a salvaria. Tudo isso foi uma grande provação, repleta de dor e sofrimento para toda a família. Seus irmãos, George Filho e Reginaldo, além de seu pai George, pareciam em transe absoluto. Alguns amigos demonstravam muita dor e sofrimento. Todos chorosos e saudosos.

OSMAR BARBOSA

Afinal, Nina era doce e meiga com todos, compreensiva, companheira, amiga das horas mais difíceis. Estava sempre receptiva a ajudar, quem quer que fosse.

– Irmão Daniel, será que posso abraçar minha mãe?

– Claro, Nina, faça isso.

Nina então se aproximou calmamente de sua mãe que mantinha um olhar fixo e marejado, ainda voltado na direção do rosto da filha, deitada no caixão. Aos poucos, Nina agachou e foi levantando seus braços que envolveram as costas da mãe em um aconchego de luz e fraternidade. Durante o abraço, Daniel, Lucas e Marques ficaram próximos, transmitindo energias de consolo e paz para a mãe de Nina. No mesmo segundo em que Nina envolveu a mãe, as duas começaram a chorar muito. Parecia que lá dentro, no fundo do peito, a mãe de Nina havia sentido aquele último abraço de sua filha, pois caiu em um choro mais forte e começou a gemer algumas palavras, fazendo com que todos olhassem preocupados para ela.

– Ah, minha filha, minha filha tão amada, tão querida, tão perfeita. Por que você foi embora assim...

Nina a abraçou ainda mais forte e sentiu dentro de si, bem fundo, aquelas palavras que sua mãe proferia. Daniel comentou com ela que não se preocupasse, pois em pouco tempo sua mãe seria convencida por mensagens do mun-

Cinco Dias no Umbral

do espiritual, que fariam com que ela parasse de clamar por sua presença. O momento foi interrompido por uma amiga de sua mãe que observava de longe e, percebendo que ela estava muito emocionada, veio consolá-la. Muitas lágrimas desceram dos olhos de Nina, percorrendo seu rosto. Nina ainda se despediu calorosamente de seu pai e seus irmãos, conferindo um abraço fraternal a cada um deles. As lágrimas insistiam em descer do rosto de Nina em cada uma dessas despedidas.

– Nina, infelizmente temos que retornar – exclamou Daniel de forma gentil. Nina se voltou por mais um instante para a mãe, que agora parecia orar.

– Até breve, minha mãe querida. Te amo muito e sempre te amarei, do fundo da minha alma.

Daniel então colocou sua mão sobre a fronte de Nina e todos voltaram juntos à Colônia Amor & Caridade. Lá chegando, Daniel recomendou repouso a Nina.

– Descanse um pouco, Nina, será necessário. Assim que estiver refeita, por favor, vá até minha sala para conversarmos.

– Obrigada, Irmão Daniel, muito obrigada por tudo. Nem sei como agradecer.

Nina entrou rapidamente em um sono profundo, necessário para consumar seu desligamento da vida corpórea de forma plena. Arcanjos foram designados por Daniel para cumprirem a missão de concluir o desligamento fluídico, pois ainda existiam pequenos laços conectando o espírito ao corpo físico de Nina.

Os espíritos são muito sensíveis à saudade daqueles que amaram e que ficaram na Terra. Muito mais do que podemos supor. Se são felizes, essa lembrança aumenta sua felicidade. Se são infelizes, essa lembrança é para eles um sofrimento. Há espíritos que, no primeiro momento de seu desencarne, sentem um grande prazer pelas homenagens que lhes prestam, ou então se aborrecem com a falta de atenção ao seu corpo físico. Isso porque ainda conservam alguns preconceitos da Terra. Quando as lágrimas refletem nossa saudade, tocada de esperança, nossos amigos desencarnados nos dizem que elas fazem a eles muito bem, porque são luzes no caminho daqueles que são lembrados com imenso carinho. Mas quando nossas lágrimas traduzem revolta de nossa parte diante dos desígnios divinos que não podemos de imediato sondar, quando elas retratam rebeldia, essas lágrimas prejudicam tanto os desencarnados quanto os encarnados também.

– Olá, Irmão Marques, como está?

– Oi, Nina, muito bem! Obrigado por perguntar. Você repousou plenamente?

– Sim, muito bem. Obrigada por tudo, Marques. Gos-

Cinco Dias no Umbral

taria de falar com o Irmão Daniel. É possível? Você me ajudaria?

– Olha, Nina, no momento ele não está por aqui. Está lá no Pavilhão Nobre em reunião com um grupo de amigos que trabalham em uma casa espírita no plano físico.

– Como assim?

– O Irmão Daniel, além de cuidar de toda a Colônia Amor & Caridade, ainda é encarregado de coordenar todo o trabalho realizado pelos espíritos em casas espíritas onde ele atua como mentor lá na Terra. Tudo o que acontece nessas casas são de responsabilidade dele. Agora mesmo, eles estão tratando dos casos de doenças físicas e espirituais que estes locais de caridade tratam e prestam auxílio.

– Nossa, não sei como ele consegue trabalhar e se dedicar tanto, com tanta entrega, tanta devoção.

– Verdade, Irmã. E isso não é de hoje. Por isso estamos todos aqui para tentar auxiliar nessa tarefa tão edificante.

– Logo, logo, quero fazer parte dessa missão.

– É um prazer ter você de volta, Nina.

– De volta? Como assim?

– Ih, melhor o Daniel te explicar isso tudo depois, com calma.

Eu, às vezes, falo demais. Desculpe.

– Hum, tá bom. Depois pergunto para ele. Mas será que ele demora?

– Provavelmente sim. Essas reuniões são bem demoradas.

– Então, se não for inoportuno, posso pedir a você que o avise que estou precisando falar com ele? Diga que estou bem melhor, sentindo-me plenamente recuperada e revigorada.

– Mas é claro, será uma alegria dar uma notícia tão boa quanto essa. Pode deixar que me encarrego de avisá-lo assim que ele retornar.

Nestes grandes encontros com os mentores das casas espíritas os assuntos são tratados meticulosamente. Tudo é analisado caso a caso, pessoa por pessoa, problema por problema. As vidas são assistidas e revistas em grandes telas, como se fossem telões de cinema, onde todos os presentes podem analisar os detalhes para então discutir os casos e seus merecimentos. Eles conversam sobre a melhor forma de operar a ajuda para as pessoas que buscam naquelas casas espíritas. Casos de doença do corpo físico são prioridade máxima, como sempre determina o Irmão Daniel, por orientação de Catarina, sua Mentora Espiritual.

Algumas discussões costumam ser um pouco mais acirradas. Daniel, sempre de forma paciente e consensual, conduz de forma serena todo o debate, sempre escolhen-

Cinco Dias no Umbral

do muito bem suas palavras e argumentos. Por isso, quase sempre, elas geralmente se transformam em profundos ensinamentos para todos os presentes.

Na reunião que Daniel presidia naquele momento, um total de noventa e oito espíritos estavam participando ativamente, fora os que só observavam. Daniel orienta como estes mensageiros de luz podem ajudar, auxiliando cada paciente em sua cura, na libertação de obsessões ou no realinhamento espiritual necessário para cada um. Um grupo de espíritos que viveram na condição de ciganos também faz parte desse verdadeiro exército do bem, formado por espíritos de muita luz. O líder deste grupo é conhecido como o Cigano Rodrigo, que é bem próximo de Daniel, praticamente um braço direito. Ele lidera esse grande grupo de ciganos e atua como médico curandeiro em diversas casas espíritas, coordenando as demandas ligadas a cirurgias espirituais. Todos ali são espíritos voluntários que buscam sua evolução espiritual por meio da caridade para com o próximo que estiver necessitando de ajuda e for merecedor.

Há ainda um grupo de espíritos que atuam nas regiões energéticas. Tais espíritos utilizam elementos da natureza para materializar e energizar o corpo fluídico dos consulentes, tais como anjos de luz, médicos, enfermeiros, massagistas, terapeutas, guardiões e soldados encarregados da segurança daquele local de trabalho dos espíritos.

Tudo é tratado de forma a auxiliar os merecedores de respostas rápidas. Há casos em que a urgência é determinada por Daniel, sendo então prontamente atendidos. Os casos de obsessão são muito comuns e são tratados com elementos energéticos apropriados para o afastamento de espíritos que, em condição inferior, vibram com muita negatividade e insistem em prejudicar pessoas de bem. Por isso, também são tratados como prioridade nas casas espíritas.

Nessas casas espíritas também são realizadas cirurgias espirituais. É nessa grande reunião que toda equipe médica de trabalho se encontra com as equipes médicas fixas da Colônia para determinarem que tipo de tratamento utilizarão em cada paciente. Eles aproveitam também para, juntos, definirem os equipamentos que serão levados no próximo dia de atendimento. Rodrigo é o responsável por estas sessões nesta casa espírita em especial que era o assunto desta reunião. Sempre muito empenhado em defender a cura de muitos pacientes de câncer, Rodrigo oferece a eles um tipo de quimioterapia espiritual que tem trazido muito conforto a todos os necessitados.

Esse tipo de medicamento espiritual é levado às sessões de cura por arcanjos muito iluminados que o colhem em outras colônias, atendendo solicitação de Daniel. Há também remédios diretamente elaborados na Colônia Amor &

Cinco Dias no Umbral

Caridade e que são aplicados nos pacientes, geralmente no perispírito.

– Irmão Daniel, precisamos que você nos autorize a ir com um grupo levar os equipamentos para atender a algumas pessoas que se encontram em um hospital.

– Claro, Rodrigo. Tudo que você necessita sempre lhe será concedido para auxílio desses irmãos que buscam, na casa espírita, a cura para as doenças do corpo material.

– Irmão Daniel, compreendo e admiro sua preocupação e amor sempre tão fraternais para com todos. Sabemos que determinadas doenças do corpo físico são reflexos dos pensamentos negativos que esses irmãos insistem em destilar. As modificações interiores são necessárias para nos auxiliar na cura e no pronto restabelecimento de todos. Por isso, além do passe magnético, a importância das palestras e do estudo contínuo do Evangelho de Jesus e da Doutrina Espírita. Tudo isso é fundamental para que esses espíritos, que estão em constante prova, se modifiquem.

Daniel pede a palavra, respira calmamente e então diz assim, diante do silêncio e atenção de todos:

– Às vezes a dor é o instrumento de renascimento e evolução. Ficamos aqui também todos sensibilizados com o sofrimento no plano físico. A Terra é um plano de provas e expiações. Um lugar de crescimento espiritual. Logo, os

~ 92 ~

espíritos de luz são orientados a doar aquilo que é essencialmente necessário para suportar essa passagem. Todos, um dia, voltarão à condição espiritual e, assim sendo, buscarão então a evolução tão necessária. O processo de reencarnação, por vezes, nos obriga a esta condição de sofrimento e dor. Também em busca de nossa evolução, nós temos que passar estes ensinamentos aos que nos procuram. Temos que ensiná-los que só o comprometimento, a caridade, o amor e a aceitação da condição de espírito encarnado farão com que estes fardos sejam mais suaves. A Terra ainda é muito primitiva. As pessoas ainda estão muito ligadas à matéria. Todos são muito imperfeitos. Por isso, as batalhas são intensas e constantes. O desprendimento material é o caminho mais rápido para a ascensão a uma vida espiritual simples, elevada e sublime. Mas ninguém quer enxergar isso. Por isso, não podemos descansar um segundo sequer.

Daniel então dirige-se à Dra. Sheila que, além de atuar nas enfermarias da Colônia Amor & Caridade, trabalha com Rodrigo na mesma casa espírita em questão. Irmão Daniel quer saber dos outros pacientes.

– Dra. Sheila, como estão seus pacientes?

– Irmão Daniel, tenho feito o possível para aliviar a dor de mães que sofrem com o mal do câncer, seja em seus filhos, seja em si próprias. Mas, como costuma nos dizer

Cinco Dias no Umbral

o Irmão, é necessário que as preces consigam chegar até nossa mentora. Faz-se necessária a intensificação das palestras nas casas espíritas na Terra. O conhecimento e o entendimento de suas condições farão com que a dor seja menos intensa, causando alívio, compreensão e aceitação em todos que sofrem com as doenças do corpo físico.

– É, Irmã, você tem razão. Temos trabalhado bastante, rogando ao nosso Criador que mande mais e mais arcanjos à Terra para melhor disseminar a Doutrina dos Espíritos. Esperamos ser atendidos.

– Bom, Irmãos, vamos encerrar a reunião. Há muito trabalho a ser feito e precisamos nos organizar. Vamos fazer uma prece à nossa mentora em profundo agradecimento por mais este encontro e pela oportunidade de podermos atuar juntos pelo bem.

Todos se colocaram a orar para Catarina de Alexandria. Neste momento, uma linda canção instrumental tomou conta do ambiente. Tornou-se um ambiente de ainda mais paz e serenidade, plenamente iluminado por uma vibração intensa de muito resplendor.

* * *

Logo que adentrou, ao retornar ao Gabinete, Daniel percebeu que o Irmão Marques o aguardava sentado na sala de espera. Estava lendo um livro que na capa trazia escrita a palavra "Gitano", em grandes letras vermelhas e manuscritas. Marques levantou-se rapidamente ao ver Daniel e disse sôfrego, como de costume, que Nina desejava encontrar com ele tão logo chegasse da reunião. Irmão Daniel então solicita a Marques que chame Nina prontamente.

– Olá, Nina, que alegria revê-la tão bem disposta!

Nina realmente parecia plenamente revigorada. Seus cabelos voltaram a flutuar de forma leve e descontraída. O sorriso voltara a servir-lhe de adereço principal no belo rosto com pequenas sardas que lhe conferiam uma graça ainda mais especial.

– Estou mesmo muito bem, Irmão. Mas, sem mais delongas, vou direto ao ponto: gostaria de dizer que agora me sinto completamente pronta para aceitar o convite para a missão no Umbral.

Daniel não conseguiu disfarçar que já sabia da posição de Nina e nem sequer pareceu surpreso. Entretanto, ficou sim muito feliz, e isso ficou claro em seu sorriso enquanto falava.

– Ótimo! Vou organizar nossa viagem. Já adianto a você que o tempo que nos é permitido não é muito grande. Se contarmos no tempo semelhante ao praticado na Terra, teremos apenas cinco dias para encontrar sua prima, assisti-la prontamente e ainda conseguir de fato resgatá-la de lá.

~ 95 ~

Cinco Dias no Umbral

– Estou muito confiante, Daniel. Mesmo sem saber ao certo de onde exatamente vem essa confiança. Mas algo me leva a sentir que será tempo suficiente para cumprirmos nossa missão.

– Pois bem, que Deus nos permita realizar esse resgate com sucesso! Precisamos nos preparar energeticamente. Cada momento que ficarmos por lá nos enfraquecerá consideravelmente, pois trata-se de um plano muito inferior e de baixa vibração. Por isso, inclusive, o curto período de permanência. Quanto menos tempo ficarmos, melhor para todos, inclusive Soraya e, especialmente, você, que acaba de desencarnar.

– Irmão Daniel, pode contar comigo. Vou me preparar com toda minha força. A Soraya merece.

– Obrigado, Nina. Assim que todo o grupo estiver organizado, partiremos em caravana.

Logo que Nina saiu, muito feliz e confiante, Irmão Marques não se conteve em comentar com Daniel.

– Perdoe-me o comentário, Daniel, mas é realmente aconselhável levar Nina ao Umbral?

– Irmão Marques, ordens são ordens. Nossa mentora me instruiu a levá-la conosco nessa missão. Não sei ainda o porquê dessa orientação, mas apenas cumpro.

– Sim, claro, compreendo. Mas é que Nina acabou de

~ 96 ~

chegar do plano material e passou por tantas encarnações de sofrimento. Será justo que passe por isso também, assim de forma tão imediata?

– Querido Irmão Marques, Nina é um arcanjo celestial muito iluminado e preparado. Não se iluda com essa questão momentânea de sua ligação ao corpo físico desta encarnação mais recente. Ela está e sempre esteve preparada para as mais difíceis batalhas. Ela é companheira de nossa Mentora desde sua encarnação na Terra. Nina era sua melhor amiga e confidente.

Marques não conseguiu disfarçar o espanto. Continuou ouvindo o Irmão Daniel sem nem sequer piscar os olhos, que mantinha arregalados sobre a boca aberta.

– As duas passaram por muito sofrimento, mas estiveram sempre unidas pela fé. Quando Nina foi designada para encarnar agora, foi em missão de resgate para aqueles que viveram em sua companhia. Foi um grande anjo de luz na vida de seus pais, irmãos, amigos e parentes. Suas encarnações sempre foram de provas e batalhas. Sempre tendo que enfrentar as piores enfermidades, em constante luta pela vida, por ela e pelos outros. Nas encarnações mais recentes, que com esta mais recente chegaram ao total de dezoito, Nina por vezes serviu como lição para mães que praticavam o aborto. Encarnou em algumas como deficiente com o intuito de dar aos pais uma gran-

Cinco Dias no Umbral

de lição de amor, caridade, força de vontade e superação. Em outras encarnações, serviu como instrumento de cura de pacientes enfermos largados em hospitais, asilos e orfanatos. Enfim, quem somos nós para não obedecermos aos desígnios de nossa Mentora? Neste ou em qualquer outro caso.

– Perdoe-me pela ignorância, Daniel, como sou idiota! Sempre que venho ao seu encontro saio com uma grande e valiosa lição de ensinamento. Obrigado, Irmão.

– Que nada, meu querido Irmão, não fale assim. Todos somos imperfeitos na busca eterna de evolução. Agora, vamos. Preciso que você nos ajude a organizar o grupo. Partiremos em breve.

"Deus nos concede, a cada novo dia, uma página de vida nova no livro do tempo. Aquilo que colocarmos nela corre por nossa conta."

Chico Xavier

Casa

"O mérito do bem está na dificuldade. Não há mérito em fazer o bem sem trabalho e quando nada custa. Deus tem mais em conta o pobre que reparte seu único pedaço de pão do que o rico que não dá senão seu supérfluo."

Resposta à pergunta 646 do Livro dos Espíritos, de Allan Kardec, 1954.

Jorge, pai de Soraya, chegou cedo ao trabalho e adiantou todas as suas tarefas ao longo do dia. Tudo para poder sair um pouco mais cedo naquele dia. O motivo? Pegar sua esposa em casa para, juntos, cumprirem um ritual que costumavam fazer todas as quintas-feiras: irem à sessão de oração e passe magnético na casa espírita. Enquanto conversavam tranquilamente a caminho do local, a respeito de como foi o dia de Jorge, outro motorista de repente fechou bruscamente o carro deles. Jorge não pensou duas vezes. Soltou um sonoro grito pelo vidro entreaberto do carro:

– Ô cara, tá maluco?

Marília logo intercedeu e procurou acalmá-lo.

– Calma, homem, por favor, mantenha a calma!

– Mas você viu? Esse cara me deu uma fechada. Quase que bate em nosso carro. Maluco!

– Sim, mas fique calmo, querido. A gente sabe que está tudo muito perigoso hoje em dia. Vamos manter a calma, por favor. Estamos com tempo, até estamos adiantados para a reunião.

– Tá bom. Você está certa, vou me acalmar.

Cinco Dias no Umbral

– Esses motoristas de hoje não respeitam mais ninguém. Que tempos são estes que estamos vivendo? A vida está banalizada mesmo.

– É, meu amor. Volta e meia conversamos sobre isso lá no centro, né? Você lembra da palestra em que o diretor espiritual nos falou que temos que trabalhar nossa paciência todos os dias? Temos que ser mais compreensivos e caridosos para com nossos semelhantes, todos os dias, a cada novo dia.

– É verdade, eu me lembro.

– Ah Jorge, me lembrei: convidei o Paulo e a Denise para irem lá em casa na terça que vem. O que você acha? A ideia é que eles participem de nossa reunião de evangelho no lar.

– Excelente ideia, amor! Eles estão precisando tanto desse alento. Muito legal da sua parte.

– É, acho que assim vamos ajudá-los bastante.

Quando o carro já se aproximava da rua onde ficava o centro espírita, Marília lembrou de algo muito importante.

– Não podemos esquecer de pedir para colocarem o nome da Soraya na oração de hoje também.

– Claro, sempre, amor, sempre. Cada novo dia é um dia novo para seguirmos fazendo todas as orações que pudermos para que enviem ajuda a ela. Vou fazer isso assim que chegarmos lá na casa espírita para não correr o risco de esquecermos.

~ 104 ~

– Sabemos que assim podemos ajudar nossa filha. E muito. Temos que orar para que ela vá para lugares melhores no mundo espiritual.

– É isso, querida, vamos sim. Não só por nossa filha, mas também por todos que se encontram sofrendo, sem luz, no mundo espiritual.

– Você realmente é um anjo. Fica pensando não somente em ajudar nossa filha, mas a todos que possam estar precisando de orações e luz. Pena que a nossa Soraya não tenha ouvido nossos conselhos. Como me culpo por isso, como dói não ter conseguido convencê-la a seguir um caminho melhor.

– Querido, não fique assim. Não se lamente desta forma. Você foi um excelente pai. Sabemos que seu trabalho, por muitas vezes, o impediu de ficar mais tempo com ela. Não podemos nos culpar. Lembre-se das palavras do mentor lá da casa espírita: somos culpados quando abandonamos, o que está longe de ter sido o nosso caso. Criamos Soraya com todo amor do mundo. Nunca deixamos faltar nada para ela, apesar de nossas dificuldades. Sempre a cobrimos com muito carinho e atenção. Infelizmente, ela fez suas escolhas e algumas não foram muito acertadas. Já era adulta. Agora façamos o que Deus nos pede. Oremos para ela. Sabemos que a vida é eterna e que um dia nos encontraremos.

Cinco Dias no Umbral

– Isso mesmo, querida, vamos seguir em prece e oração, para sempre.

Jorge e Marília já estavam entrando pelo portão branco de madeira da casa espírita. É um ambiente de muita paz e cumplicidade. Todos se cumprimentam de forma fraternal. Conversam sobre a vida, os desafios, dilemas e alegrias da existência terrena. Trocam conhecimento, compartilham amor. Há uma energia inexplicável que parece percorrer todos os cantos daquela humilde construção. Neste momento, os espíritos de luz enviados para trabalhar naquela sessão já estão transitando entre os encarnados, organizando as tarefas e preparando espiritualmente cada um para receber o que procura, desde que seja o momento certo e que seja merecedor.

– Sabe, amor, sempre agradeço muito ao fato de minha irmã ter nos trazido para cá. Graças a esse gesto dela, hoje conseguimos compreender um pouco mais toda essa dor da perda de nossa filha. Graças a todos os conhecimentos a que tivemos acesso aqui e que passamos a pesquisar e ler nos livros. Nunca me conformarei, mas sinto uma dose de paz, de compreensão. A Doutrina nos ajuda a ver a vida – e a morte – sob uma nova perspectiva.

– Verdade, querida. A Doutrina dos Espíritos nos fez muito bem. Saber que a morte não existe, que a vida é eterna, me deixa um pouco mais tranquilo, embora aumente a nossa responsabilidade em um sentido mais amplo.

Todos continuam se saudando em um clima de fecunda fraternidade. O ambiente é todo predominantemente branco e há uma paz instaurada, intrínseca ao local. Neuza, a irmã de Marília, logo chega e se senta ao lado da irmã, que já está se concentrando na bela melodia que toca ao fundo, já pensando no momento do passe.

Nesse momento, a casa espírita já está praticamente lotada de pessoas que buscam ali o conforto do passe espírita e das orações feitas em grupo. O número de espíritos de luz entre as pessoas é ainda maior e eles seguem realizando a energização necessária para a melhor realização de todos os procedimentos da sessão. No portão de entrada, uma legião de espíritos guardiões vigiam e protegem a entrada da sessão, garantindo que só espíritos de muita luz entrem por ali.

Algumas pessoas chegam acompanhadas de espíritos obsessores e são energizadas na mesma hora, de forma a afastar estes espíritos sem nenhuma luz que se comprazem com a dor do seu obsediado. Alguns, induzidos por esses espíritos obsessores, chegam a desistir de esperar pelo atendimento e acabam deixando a reunião, para alegria destes espíritos inferiores.

Cinco Dias no Umbral

Muitos não conseguem sequer chegar até a casa espírita, pois são impedidos por diversos motivos, incluindo falta de vontade e preguiça, abrindo mão, assim, de seus tratamentos espirituais. Não percebem que estão, no fundo, fazendo a vontade dos obsessores. Esses espíritos de baixa vibração ficam sussurrando descrenças no ouvido do obsediado, influenciando-o e intuindo-o a optar pelo caminho errado.

Há também um grupo de espíritos que faz as visitas às residências, efetuando os passes e realizando cirurgias espirituais, sempre comandados pelo Cigano Rodrigo e por seus auxiliares. Quando conectados em pensamento com a casa espírita, todos são atendidos.

Esta casa espírita é uma obra de caridade onde cerca de trezentos espíritos trabalham de forma comprometida com a obra de Catarina. Todos buscam seu aperfeiçoamento espiritual, estejam encarnados ou desencarnados.

Logo a sessão começa. Atrás da mesa de oração, sete arcanjos suntuosos, que parecem ter mais de três metros de altura, começam a iluminar o corpo mediúnico. Isso faz com que os médiuns que trabalham na casa possam servir de instrumentos de irradiação e energização das pessoas, que em instantes estarão diante deles recebendo o passe fluídico que realinha as energias e consegue eliminar pequenas ranhuras de seus perispíritos. Outro grupo de espíritos está efetuando a fluidificação da água em pequenas garrafas, que são entregues a todos os presentes.

Após o término da sessão de passe, que sempre é encerrada com uma oração muito bonita, todos são convidados a degustar uma deliciosa sopa, que é servida pela casa espírita. A sopa é fluidificada pelos mentores de luz que ali trabalham e reorganiza todo o aparelho digestivo. Ao final, todos retornam aos seus lares, com o corpo físico realinhado e uma paz interior indescritível. A água fluidificada pelos mentores serve para diversos propósitos. É parte importante do tratamento espiritual oferecido por diversos núcleos espíritas espalhados sobre a Terra. Atua como um elemento energético capaz de curar enfermidades, energizar lares e ainda realizar a limpeza em pessoas que se encontram impossibilitadas. Ainda tem como propósito ajudar crianças em seus estudos e muito mais. Seguindo a orientação dos dirigentes da casa espírita, todos levam a água para os familiares a fim de ajudá-los.

Todos são acompanhados de perto por esses espíritos que, além de energizá-los por meio do passe, fazem o acompanhamento do tratamento espiritual oferecido na casa espírita. Inclusive, visitam suas casas para colher informações que futuramente serão passadas aos dirigentes da obra no plano espiritual, como nas reuniões com o Daniel na Colônia Amor & Caridade.

Dia 1

*"Os espíritos encarnados sobre
um mundo a ele não estão ligados indefinidamente
e não cumprem, neste mundo, todas as fases
progressivas que devem percorrer para atingirem
a perfeição. Quando atingirem, sobre um mundo,
o grau de adiantamento que ele comporta,
passam para um mundo mais avançado. E assim,
sucessivamente, até que tenham atingido o estado de
espíritos puros."*

*Versículo 5 do Capítulo 3 do livro "O Evangelho Segundo o Espiritismo",
de Allan Kardec (1864).*

OSMAR BARBOSA

Marques caminha rapidamente pelo jardim principal da Colônia Amor & Caridade. Nesse momento, há muitos espíritos sentados no gramado, outros deitados, alguns conversando, outros orando. Estão em um momento de descanso, pois, na Colônia, a atividade é intensa. Todos trabalham e colaboram de alguma forma. É assim que se evolui. Marques tem os passos curtos, porém bem ágeis. Tanto que levanta levemente com as mãos o tecido branco que lhe serve de veste para que possa caminhar um pouco mais rápido. Segue com essa pressa toda na direção do gabinete do Irmão Daniel. Ele cumprimenta alguns espíritos com acenos distantes e rápidos para não ser parado por um segundo sequer. Precisa chegar logo para dizer ao Irmão Daniel que está tudo pronto para a missão de resgate de Soraya. Passou a madrugada reunido com os irmãos Lucas, Sheila, Rodrigo e Patrícia para definirem os detalhes finais para esta caravana tão importante. A notícia da missão no Umbral correu praticamente toda a Colônia. Embora seja algo relativamente normal no dia a dia deles, essa missão

Cinco Dias no Umbral

trazia em si particularidades que a tornavam mais especial. Nina é um espírito muito querido por toda a Colônia. O fato de ela ter sido convocada pelo Irmão Daniel, e de ter aceito a missão de ir ao Umbral tão próximo ao seu desencarne, comoveu a todos. Isso porque é uma viagem profundamente desgastante e que geralmente é realizada por espíritos muito energizados, com longas jornadas de preparo e evolução no plano espiritual. Mas Nina agiu de forma corajosa e confiante, crendo na força do bem para enfrentar tamanho desafio.

Irmão Marques finalmente chega à porta do gabinete de Daniel. Está um tanto quanto esbaforido. Daniel apenas faz um sinal com a mão e sorri para que ele se acalme. Daniel parece já saber o que Marques lhe dirá.

– Olá, Marques, que bons ventos o trazem ao meu encontro?

– Irmão Daniel – Marques faz uma breve pausa para recuperar um pouco do ar –, está tudo pronto para seguirmos para o resgate de Soraya.

– Muito bem, ótimo! Avise Nina. Chegou o momento de partirmos em missão.

Em pouco tempo, todos já estão reunidos no gabinete de Daniel. Nina, Marques e Sheila estão com os olhares ansiosos, com um toque de tensão, mas plenamente serenos, conscientes do ato que vão praticar. Sabem que estão em missão de paz e de luz. Todas as forças do bem estarão ao lado daqueles que caminham junto às vibrações positivas. Daniel propõe algo.

– Meus irmãos, estou muito feliz com a companhia de vocês nesta manhã tão iluminada. Hoje partiremos juntos em uma missão das mais belas. Temos autorização e anuência para o resgate de um espírito que foi merecedor do tenebroso universo umbralino. É como se fôssemos uma equipe de obstetrícia que realizará um parto, pois é exatamente disso que se trata. Soraya passará por um processo de renascimento para uma nova dimensão. Ressurgirá no plano espiritual e terá diante de si uma nova oportunidade de dar mais um passo em sua jornada evolutiva. Deus é bondoso e caridoso, nunca carrasco. Todos, sem exceção, têm a oportunidade de evoluir, de progredir. "Nascer, morrer, renascer ainda, progredir sempre, tal é a Lei." Essa é a lógica primordial da nossa existência enquanto seres eternos que somos. Agora, o que vocês acham de fazermos uma prece para a nossa querida e estimada Mentora Espiritual para que tudo transcorra da melhor forma possível?

Todos concordam com um sorriso. Nina tinha lágrimas nos olhos. Emocionou-se com as palavras de Daniel, até por ter ainda dentro de si sentimentos muito interligados ao plano material. Sentiu saudade de sua mãe

Cinco Dias no Umbral

e do *cappuccino* que ela preparava de noite antes de dormir. Um dia, sua mãe estava viajando e Nina, ainda uma adolescente, aventurou-se em fazer o *cappuccino* ela mesma. Sentiu-se com a autonomia de um adulto independente. Fez tudo milimetricamente como a mãe fazia: as mesmas medidas, o mesmo leite, a mesma canela, exatamente o mesmo tempo aquecendo o leite no fogão, tudo igualzinho. Mas o *cappuccino* ficou diferente. Faltava aquele toque que só sua mãe sabia dar. Aquele toque de amor e carinho. Sentia falta até mesmo do perfume dela, que se misturava ao cheiro da fumaça quentinha do *cappuccino* em seu quarto, quando a mãe entrava sorrindo e assoprando a xícara para que ela não se queimasse. Tudo junto e somado consistia em um conjunto de experiências que fazia com que o sabor do *cappuccino* ficasse diferente. Nina sentiu falta de tudo isso. Mas não era uma saudade ruim, dolorosa. Era uma saudade feliz. Emocionada e feliz.

Daniel percebeu a emoção no rosto de Nina e a abraçou de forma fraternal. Em segundos, ela sentiu como se uma enorme avalanche de paz de repente tomasse seu peito. Todos se entreolharam com carinho e cumplicidade. O ambiente respirava fraternidade e muita paz. Uma grande família unida pela fé sob o nome de Amor & Caridade. Daniel então conduziu com o olhar todos ao anexo do gabinete e, juntos, realizaram uma oração com profundo e verdadeiro fervor. Pediram à Catarina que os acompanhasse nessa missão e que enviasse espíritos de muita luz para ajudá-los nos desafios.

De repente, luzes muito fortes invadiram o pequeno ambiente. Todos mantiveram os olhos fechados, como estavam durante a prece. Apenas Nina não conseguiu se conter e deu uma olhadinha no que estava acontecendo. Ela viu então que todos estavam com os braços pra frente, levemente dobrados, com as palmas das mãos viradas para cima. Havia um belo sorriso contemplativo no rosto de cada um dos missionários. As luzes que, juntas, invadiram o ambiente, pareciam compor harmoniosamente um conjunto envolvente de fluxos de energia muito branca, que transmitiam uma paz e segurança que tomaram o corpo de Nina. Ela sorriu também. Essas fitas envolventes de energia e luz passaram então a envolver todo o grupo de uma forma sutil mas enérgica ao mesmo tempo, como um cordão de luz intensa que os levou até as partes umbralinas. Nina, ainda muito incerta e insegura, agarrou o braço de Daniel que a acalmou apenas com o toque da mão. Ela então fechou os olhos, nitidamente com medo ainda, mas serena. O grupo foi então subitamente transportado para o Umbral.

Nina logo percebeu que estava chegando a um lugar muito escuro e profundamente tenebroso. Olhou para

Cinco Dias no Umbral

cima e percebeu que o céu estava preto com manchas de um cinza bem escuro, com muitas nuvens, como se estivesse sempre nublado e chuvoso. Pensou que nunca tinha visto um céu assim na vida. Era um ambiente demasiadamente úmido e tudo parecia estar molhado, com lodo em cima, escorregadio e argiloso. As árvores estavam todas definhando, com as folhas negras e galhos retorcidos. A caravana nesse momento caminhava por uma estrada escura e barrenta, com muita lama no caminho. Aos poucos, o facho de luz que transportou o grupo para o Umbral ia enfraquecendo visivelmente, ficando apenas uma fumaça iluminada, branca, cobrindo a pele de cada um. Mas Nina percebeu que também permanecia um círculo de luz, parecido com uma auréola fluídica, que os mantinha unidos e próximos energeticamente, além de protegê-los.

Nina olhou mais à frente e percebeu que Daniel seguia caminhando ao lado do Cigano Rodrigo, que também havia sido convocado pela Mentora Espiritual para esta importante missão. Eles, como os mais experientes, seguiam à frente do grupo mais iniciante. Nina estava de braços dados com Sheila que a amparava. Sheila falava palavras de conforto à irmã e dizia que tudo terminaria belamente. À frente de Daniel e Rodrigo, três guardiões abriam caminho e protegiam a caravana dos perigos do Umbral. Eram os guerreiros de luz enviados pela Mentora, atendendo aos pedidos feitos em prece. Estes guardiões são mais acostu-

OSMAR BARBOSA

mados com essas regiões e dominam todo o território do Umbral. Constantemente estão em missões para buscar espíritos. São espíritos de muita luz, mas também de muita força, que se manifestam nas casas espíritas, inclusive. São grandes e fortes, impondo respeito e segurança.

Ainda mais à frente, liderando o grupo dos guardiões, havia o espírito de um índio, visivelmente muito experiente e sábio. Dominava a situação e sabia o que estava fazendo. Em sua mão havia uma lança comprida e muito iluminada, com uma ponta bem afiada e reluzente. Ele era moreno, com cabelos longos, calça branca, pouca roupa lhe cobria o corpo de guerreiro desbravador. Ao lado do índio guerreiro havia outro espírito que tinha a forma de um homem negro, alto, de cabelos curtos e crespos. Com uma pele brilhosa e bem escura, ele trazia em uma das mãos um machado dourado, muito bonito, daqueles que poderiam ficar em exposição em algum museu de Paris. Na outra, também trazia uma lança semelhante à do índio.

Nina se assustou com o som de pássaros que esganiçavam de forma bem aguda. Quando olhou para o céu acima do grupo, a surpresa: era um grupo de pássaros negros, parecidos com corvos ou urubus, só que menores. Daniel comentou que eram espécies que só existiam no Umbral. Eles continuaram sobrevoando o grupo a distân-

~ 119 ~

Cinco Dias no Umbral

cia, mas, às vezes, se aventuravam em rasantes perigosos, buscando atingi-los. Rapidamente, o índio os afastou com sua lança em movimentos muito rápidos e determinados.

Com tudo isso, imagine como estava Nina nesse momento. Sentia que nunca havia estado em um lugar assim, tão diferente, sombrio, frio e assustador. Muito transtornada, Nina seguia agarrada a Sheila, que parecia conhecer exatamente o propósito de sua presença na caravana. Conseguia acalmar Nina com palavras doces, quase tão doces quanto o *cappuccino* preparado pela mãe de Nina.

– Fique tranquila, minha querida Nina. Embora estejamos em um lugar realmente não muito bonito, estamos protegidos aqui. E você sabe por quê? Porque sempre que estamos com nossos espíritos limpos e harmonizados energeticamente nenhum mal conseguirá nos prejudicar. É assim aqui no Umbral, ou em qualquer lugar. Inclusive na Terra, quando estamos encarnados.

– Que bom saber disso, irmã! Mas me sinto um pouco fraca, com náuseas. Não sei bem o porquê.

– Precisamos seguir juntos para encontrar logo sua prima Soraya.

– Sim, vamos em frente, logo isso vai passar.

Ao longe, todos avistaram um grupo de espíritos que perceberam a aproximação daqueles seres exalando luz por todos os poros. Eles então procuraram cobrir os rostos. Pareciam querer se esconder da caravana, abaixando-se atrás de pedras e árvores.

Nina perguntou a Daniel por que eles estavam escondendo seus rostos. Daniel explicou que, por estarem há muito tempo na escuridão, qualquer luz que se aproxima ofuscava seus olhos.

– Mas então como vamos achar Soraya? Ela não vai conseguir olhar para nós também. Como será?

– Fique tranquila, Nina. Ela já está marcada para voltar. Nós a acharemos e isso não será um problema, pois já está sendo preparada para o resgate, mesmo que ela própria não perceba.

Neste momento, Rodrigo sugeriu ao grupo que pegasse um desvio à direita para encurtar o caminho até as regiões onde Soraya se encontrava. Daniel discordou e declinou gentilmente dessa alternativa de trajeto sugerida pelo cigano. Pediu ao grupo que seguisse em frente, pois era necessário que todos do grupo observassem, ao longo do caminho, as diferentes correntes energéticas que vibravam naquele lugar. Daniel complementou:

– As mais variadas formas vibratórias estão à nossa volta, por toda parte. São energias muito negativas, baixas, negras, que todos vocês precisam conhecer para jamais

Cinco Dias no Umbral

considerarem a hipótese de seguir por esses caminhos tenebrosos que levam a este lugar. Seja enquanto desencarnados, nos planos espirituais, seja quando encarnados, nos planos materiais.

Daniel aproveita para que todos percebam tudo como um grande ensinamento para os estudos futuros na Colônia e nas casas espíritas, onde esses espíritos e mentores trabalham ou poderão vir a trabalhar.

– Meus queridos companheiros, façamos uma pausa em nossa viagem. A noite já está se aproximando, e durante a madrugada umbralina tudo torna-se ainda mais perigoso. Vamos montar o acampamento logo ali, mais adiante, perto daqueles arbustos, para podermos descansar.

Nestes planos inferiores do Umbral ainda se contam o dia e a noite como no plano material, até por estarem muito próximos. Como a maioria do grupo está totalmente desacostumada com essa rotina de fusos, Daniel considerou melhor não seguir se embrenhando mais ao longo da noite. A energia densa desses planos umbralinos causa um gasto energético ainda maior nos períodos de total escuridão.

Nina se encostou ao lado de Sheila. Estava mais calma e tranquila e, depois de um tempo conversando, conseguiu repousar. Uma fogueira foi prontamente providenciada pelos guardiões, que ficaram de guarda resguardando o descanso de todos. Rodrigo e Daniel se afastaram um pouco do grupo e conversavam reservadamente sobre o dia seguinte. Rodrigo sugeriu que pedissem aos guardiões que conseguissem cavalos para o grupo. O chão estava muito umedecido e lamacento. Com cavalos, a viagem ficaria menos árdua e eles ganhariam um tempo enorme.

– Amigos guardiões.

– Sim, Irmão Daniel, em que podemos ser úteis?

– Rodrigo nos sugere seguir com cavalos pela manhã. O que vocês acham?

– Excelente ideia. Vamos providenciar.

– Obrigado.

Voltando-se para o grupo, Daniel diz:

– Irmãos, descansem o que conseguirem. Amanhã, em nosso segundo dia no Umbral, teremos uma jornada longa para encontrarmos Soraya. Que todos consigam repousar em paz!

Todos se mantiveram em profundo silêncio, pois qualquer barulho poderia chamar a atenção de espíritos desequilibrados e, assim, o descanso estaria totalmente prejudicado.

Dia 2

"Em 90% das decisões que os espíritos escarnados tomam em seu dia-a-dia, há direta ou indiretamente a intercessão de espíritos bons ou obsessores."

Daniel

O dia começou a amanhecer no Umbral. Não que isso representasse uma mudança muito significativa nos aspectos do cenário perturbador, já que a predominância de fumaça escura e densa ainda tomava conta do céu. Mas, ao menos, não havia aquele breu completo e absoluto da madrugada umbralina.

O índio se aproximou do grupo e entregou a cada um uma cumbuca de chá, preparado especialmente por ele. Um cheiro gostoso, de uma mistura indescritível de ervas e sensações, envolveu a todos. Ele trazia esse preparo especial de plantas em um pequeno saco de pano que ficava amarrado à sua cintura. Nina logo despertou ao sentir o cheiro bom e forte do chá.

– Nina, beba um pouco.

– Obrigada. Hum, uma delícia. E está quentinho.

– Este chá, preparado especialmente pelo índio, é necessário para seguirmos reenergizados no plano denso do Umbral. Temos todos que tomar essa precaução. Temos que beber até o fim da cumbuca, por favor.

Cinco Dias no Umbral

Rodrigo estava distante do grupo como se estivesse fazendo uma prece. Daniel o observa ao longe. Todos perceberam e Daniel então explicou ao grupo.

– Estão todos curiosos com o que o Rodrigo está fazendo lá, não é mesmo? – afirmou com um leve sorriso.

– Sim, Irmão Daniel, estamos sim, deu para perceber, né? – sorrisos.

– O cigano está orando pelos pacientes que ele atende em sua missão espírita na Terra. Está pedindo a Deus, Todo-Poderoso, e à nossa Mentora, que nunca permita que os assistidos por ele venham para essa região. Pede ainda que tenha força e muita sabedoria para conduzir os companheiros que, junto com ele, administram tamanha obra de caridade na Terra. Está orando por todos. – Fez-se um silêncio e todos o auxiliaram na oração.

– Irmão Daniel, os cavalos já estão a caminho.

– Obrigado, meu amigo índio. Vamos juntar nossas coisas e partir.

Um total de dez cavalos chegou trazidos por outros índios que, após entregá-los, voltaram pelo mesmo caminho e sumiram na névoa. Eram cavalos brancos, alguns com predominância de bege e marrom. Eram altos e tinham as crinas compridas e sedosas. Todos montaram e retomaram a viagem de resgate.

– Nina, está gostando do passeio? – pergunta Lucas, sempre bem humorado e simpático.

– Sim, Irmão Lucas, dessa forma nos cansamos menos, né? Eu sempre fui muito próxima dos animais. Eu amo cada um deles da mesma forma que amo todos os humanos.

– Vamos, irmãos! Vamos seguindo, estamos cada vez mais próximos – exclama Daniel, que voltando-se para Rodrigo, pergunta ao cigano.

– Irmão Rodrigo, sei que essa cavalgada o remete às suas encarnações mais recentes, não é mesmo? Como está se sentindo?

– Olha, Daniel, estou sentindo uma grande emoção e sei que você percebeu isso dentro do meu âmago, por isso me perguntou, não é mesmo? Há tempos não cavalgava. O contato com os animais sempre me deu muitas alegrias, um tremendo prazer. Lembro que, quando menino, cuidava dos cavalos para meu pai e isso nos aproximava. Ajudava a nos conectar de uma forma que não consigo sequer explicar, sabe? – comentou Rodrigo, buscando forçar um sorriso, mesmo que meio sem graça, para não se emocionar muito com as lembranças do pai e chorar diante de todos. Daniel sorriu de forma condescendente.

A cavalgada missionária no Umbral seguia a todo vapor. O grupo estava vencendo longos trajetos com paisagens mais abertas, mas não menos tenebrosas. Subiram uma

Cinco Dias no Umbral

colina e lá do alto deram uma parada para avistar as diversas regiões umbralinas de cima. Daniel e Rodrigo, com a ajuda dos guardiões, definiram ali o caminho que seguiriam adiante, inclusive identificando onde provavelmente Soraya se encontrava.

Daniel aproveitou para mostrar a todos as principais regiões umbralinas. Ao final, apontou o dedo para um local e indicou o caminho seguro a seguir, mostrando que a região em que Soraya se encontrava era uma região mais clara, com um céu menos cinzento e com alguma luz, muito pouca, mas alguma. Isso porque ainda era relativamente recente o desencarne de Soraya e ali era um dos locais destinados à chegada de espíritos recém-desencarnados.

De repente, o índio alertou a todos que um grupo de espíritos estava se aproximando e pediu que todos ficassem atentos e em silêncio. Recuaram para perto de um córrego, na intenção de deixá-los passar. Mantiveram-se em silêncio e ficaram apenas observando-os passarem mais ao longe.

Mas o líder do grupo tinha conseguido avistar a caravana de longe e, logo que se aproximou do local onde estava o grupo, tentou pegar um dos cavalos. Sem dar a menor possibilidade de ele tocar no cavalo, o índio o empurrou para longe, mas sem fazer uso de suas mãos. O fez apenas com um fluxo de energia, como se fosse um sopro muito forte que mais parecia uma ventania.

OSMAR BARBOSA

– Siga seu caminho, Irmão. Aqui não há nada que possa lhe interessar, ou muito menos que lhe pertença. Estamos em missão de paz, em resgate de um espírito merecedor. E você pode acreditar, nada nos fará desistir de nossa missão.

– Qual seria o seu nome, curiosa e estranha figura? – o espírito de pouca luz era falastrão e ironizador. Falava com uma voz irritantemente fina e se curvava em tom de deboche para se dirigir ao índio. Parecia respeitá-lo, não por ser alguém do bem, mas por causa do tamanho do índio mesmo. Talvez, por isso, o restante do grupo dos espíritos obsessores se aproximaram, para tentar ajudar o seu líder na intimidação do índio. Mas ele pouco se incomodou com a presença de mais espíritos de baixa vibração e voltou a se dirigir ao tal líder do grupo obsessor, agora de forma ainda mais direta e assertiva.

– Não importa saber o meu ou qualquer nome que seja. Agora afaste-se de nós e leve seu grupo de baixa vibração junto.

– Minha nossa, mas quanta dureza, cidadão. A gente só queria um cavalo, nobre amigo, um cavalinho, afinal vocês têm tantos.

– Infelizmente, não vamos poder ajudá-los. Os cavalos estão sendo muito úteis para a nossa missão. Peço, pela última vez, que se afaste e siga o seu caminho em paz. Não gostaria de ter que pedir mais uma vez.

Daniel e Rodrigo apenas observavam, se posicionando

Cinco Dias no Umbral

logo atrás do índio. Sabiam que aquilo não daria em nada, pois aquele pequeno grupo de espíritos obsessores só iria perturbar um pouco e seguir. Eles não teriam como fazer nada além disso, com um grupo tão protegido e iluminado. O líder obsessor então se revolta e começa a gritar ofensas descabidas.

– Vocês aí ditos seres entupidos de luz. Vocês deveriam vir aqui para nos ajudar. Estamos passando fome, frio, dor. Seu Deus não manda ninguém aqui para ajudar. Que Deus é esse?

– Vocês estão colhendo o que plantaram em suas encarnações. É a lei da causa e efeito. Não temos responsabilidade sobre o que vocês fizeram. Só cada um de vocês pode ter consigo mesmo.

– Vocês se vestem de anjos, mas na verdade são um bando de gente ruim que não tem nenhuma pena da gente. Simplesmente vêm aqui, pegam quem querem e nos deixam sofrendo.

– Irmão, ore muito. Peça a Deus e a todos os espíritos superiores que tenham piedade de você e lhe permitam seguir adiante. Você será ajudado. Acredite.

– Eu não sou seu irmão e não vou orar nada, droga nenhuma. Essa baboseira toda não serve de nada. Eu vou é seguir em frente que já perdemos muito tempo com esse papo furado. Melhor ficar por aqui mesmo, porque acho que morreria de tédio levando essa vida que vocês levam. Até nunca mais.

Nina assistiu a toda conversa e, plenamente acometida de sentimentos de amor, tenta interceder junto ao Irmão Daniel.

– Irmão Daniel, por que não podemos ajudá-los? Coitados, estão vestidos com farrapos fedidos, magros. Parecem ter sede e fome. Não podemos fazer nada por eles?

– Não, Nina, infelizmente nada podemos fazer. Essa é a lei: dai e receberei, fazei ao outro aquilo que a ti quiserem que façam. É a lei da causa e efeito. O nosso Pai, que é misericordioso e caridoso, está olhando por esses também. Ninguém sofre por motivos que não seja para elevá-lo. Todo sofrimento é efeito de alguma causa anterior, mas também é uma prova para a evolução espiritual. Desta forma, chegará o dia em que todos terão progredido à instância máxima, estando libertos e felizes, como vivemos em nossa colônia.

– Temos que orar muito então por esses espíritos com tão pouca luz.

– Sim Irmã, temos sim.

Aproximando-se do grupo, o índio chama todos a seguir em frente.

– Vamos, Irmãos, já perdemos muito tempo com esses obsessores.

Cinco Dias no Umbral

– Vamos sim – Irmão Daniel responde convocando a todos a voltarem ao trajeto.

Após algumas horas a mais de percurso, decidem por uma nova parada para o descanso necessário dos cavalos.

– Nina, estamos bem próximos de sua prima.

– Ela está em sofrimento?

– Sim, Nina. Ela está um pouco perturbada. Ainda não consegue entender muito bem o que aconteceu com ela.

– O que ocorreu com ela? Por que a trouxeram para o Umbral?

– Ah, Nina, foram seus desvios, sua insistência em levar uma vida pecaminosa. Soraya teve muitas oportunidades de se elevar. Mas optou pela vida fútil e fácil, sem caridade e sem estudo espiritual, que infelizmente a trouxe para cá.

– Meu Deus! Lembro-me de que um pouco antes de ser internada no hospital ainda conversei com ela para que ela não deixasse os estudos. Que seguisse uma vida regrada, de amor e carinho, que meus tios tanto se esforçavam para lhe dar. Tinha até um rapaz muito interessado nela querendo casar e constituir família.

– É, Nina, infelizmente ela se desviou do caminho do bem. Desviou-se, assim, de tudo o que estava programado em sua encarnação.

OSMAR BARBOSA

– Mas como isso é possível? Seu destino já não estava determinado?

– Lembre-se, Nina, todos temos o livre-arbítrio. Por mais que sua consciência fale com você todos os dias, todas as horas, muitos não ouvem a voz da razão que está dentro do coração de todos os filhos de Deus. Antes de encarnar, Deus coloca uma sementinha de amor em cada coração. Nessa semente de luz, ele grava todos os segredos do caminho do bem. Só que, infelizmente, há pessoas que ignoram esse conhecimento interno e intuitivo. Desviam-se, assim, da obra da evolução espiritual e perdem-se nos caminhos da vida terrena.

– É uma pena. Soraya sempre foi assim, nunca deu ouvidos aos bons conselhos.

– Estamos vendo o resultado, não é mesmo, Nina? Ainda bem que seus tios seguem vivendo em oração e não desistiram de Soraya. Só a prece e o amor fazem com que esses espíritos sigam em frente.

– É verdade, Irmão Daniel. Graças a Deus, à nossa Mentora, e a todos que oraram muito por ela, estamos aqui para ajudá-la.

– Sim. E já temos permissão para isso. Bom, agora já está tarde. Vamos ficar aqui por esta noite. Amanhã logo cedo chegaremos ao nosso objetivo. Façamos todos uma oração em agradecimento e vamos descansar para seguirmos em paz amanhã.

Cinco Dias no Umbral

Todos se dão as mãos. Irmão Daniel profere uma linda prece, inspirada na conversa com Nina sobre Soraya. Em seguida, todos se acomodam para repousar. O grupo descansa de mais um dia extremamente desgastante no Umbral.

* * *

A sessão de descarrego começa na casa espírita. Jorge e Marília estão acompanhados de Neuza, irmã de Marília, que também chega para a desobsessão. Nessa fraternidade espírita que eles frequentam há a sessão de trabalhos de desobsessão todas as quartas. Nas quintas é realizado o passe e, nos sábados, ocorrem palestras, evangelização e outros tipos de atendimentos. Também é oferecido a todos tudo aquilo que buscam de ajuda necessária para suas vidas. Tudo de forma completamente gratuita.

O Diretor Espiritual dos trabalhos naquela casa espírita, intuído pelos mentores, convida a todos os presentes a realizarem uma oração pelos espíritos sofredores que se encontram nos planos do Umbral. Inicia então uma linda prece.

Jorge, devoto de Santa Catarina, confiante na ajuda dessa Mentora tão querida, invoca com todo fervor por sua filha. Pede que, caso ela esteja de fato no plano umbralino, seja socorrida pela espiritualidade iluminada e superior. Roga à Mentora que envie bons espíritos para socorrer sua filha.

Todos os participantes da reunião estão em uma vibração muito positiva, emanando esses fluxos de energia para os irmãos que se encontram em sofrimento. Um lindo raio de luz invade a sessão e todos se sentem tocados pela luz divina da caridade. Nesse exato momento, muitas ondas de amor e luz invadem o céu negro do Umbral. Como uma verdadeira chuva de estrelas cadentes, uma falange de cometas desceu do céu e, juntos, estes cometas formaram um facho intenso de luz que atingiu milhares de espíritos que estavam em sofrimento. Nina, ao ver aquele verdadeiro espetáculo da luz divina, perguntou ao Irmão Daniel.

– Irmão Daniel, que coisa mais linda! O que é isso? Por que isso tudo assim, de repente?

– São orações, Nina. Estamos diante do poder da prece profunda. Veja como é lindo quando a oração da Terra atinge diretamente quem está em sofrimento, seja onde for, seja quem for. As preces e pedidos que vêm da Terra estão chegando para aqueles necessitados que aqui sofrem em desespero.

Nina chorou. Não sabia ao certo se o choro era de emoção, por ter a oportunidade de presenciar tudo aquilo em que sempre acreditou; ou se era um choro de alegria, por comprovar que há tamanho poder nas preces e orações vindas da Terra e de todos os lugares. Constatava naquele momento que nada é em vão. Percebeu que todos nós te-

Cinco Dias no Umbral

mos, dentro de nós mesmos, tudo que Deus reservou para a nossa vida. Que não precisamos dedicar tanto tempo e preocupação com tantas coisas que nem sequer conseguimos usufruir para sempre ou em sua totalidade. Possuímos, em nós mesmos, pelo pensamento e pela vontade, um poder de ação que se estende muito além dos limites de nossa esfera corporal e material. E isso tudo estava ali, comprovado, diante de seus olhos cheios de lágrimas. Nina só teve condições de agradecer imensamente.

– Mas meu Deus, que lindo! Que lindo, meu Irmão! Agradeço tanto essa oportunidade de estar aqui, ter aceito o desafio e convite. Muito obrigada, Daniel, Rodrigo, Sheila, a todos vocês. Agradeço à nossa querida Catarina por ser essa força de tamanha luz e caridade para com todos. Obrigada, obrigada, obrigada!

– Você não precisa agradecer, Nina. Você tem ajudado tanto as esferas superiores. Tudo que acontece a você é mérito seu.

O Cigano Rodrigo interveio e comentou mais a respeito do poder da prece.

– Essas orações libertam, mesmo que momentaneamente, esses irmãos do sofrimento e da angústia. Cada prece proferida na Terra chega aqui como um facho de luz intensa que clareia o espírito de dentro para fora, dando-lhes a forma antiga e pura da criação. Infelizmente, muitos esquecem do poder de seu amor ou desconhecem essa dinâmica de oração. Acabam não orando e, por vezes, o sofrimento aqui se estende por longos e longos períodos. Além de deixar o campo aberto para espíritos que se afeiçoam com comportamentos negativos. Nós estamos trabalhando para aliviar muitos destes espíritos que estão encarnados lá na Terra.

– Irmão Daniel, eu sei que em nossa colônia não temos como objetivo os resgates no Umbral. Existe alguma colônia especialmente voltada para socorrer estes espíritos sofredores que estão aqui?

– Sim, querida Nina. Lembre-se sempre que Deus é amor. Lembre-se que ele é justo e bom. Assim sendo, todos são socorridos, sem exceção. Há colônias muito bem especializadas nesse tipo de atendimento sim.

– Entendi. Ué, mas então vem cá: por que então nós é que viemos buscar Soraya?

– Você compreenderá amanhã, Nina. Vamos repousar agora, que já é bem tarde. Boa-noite, querida, durma em paz.

– Boa-noite, Irmão Daniel.

Todos descansam enquanto os guardiões garantem a segurança do grupo. Nina ficou profundamente curiosa, claro, como você, leitor, também deve estar. Afinal, o que Daniel quis dizer com "você compreenderá amanhã"?

Día 3

"É nas quedas que Deus nos fortalece!"

Osmar Barbosa

lguns sons bastante estridentes são ouvidos por todos. Começaram distantes, mas aos poucos foram se intensificando. Irmão Daniel já está de pé no acampamento quando todos deixam suas barracas assustados e preocupados.

– Daniel, o que foi isso? – perguntou Nina.

– São trombetas.

– E por que tocaram trombetas desta forma?

– O som das trombetas é usado para separar os espíritos por esferas vibratórias. Eles se misturam, e quando as trombetas tocam têm que voltar aos seus lugares. É uma forma de controle e organização que se tem aqui.

– Nossa, como me assustei! – Nina diz, sendo abraçada por Sheila, nesse momento também um pouco assustada.

– Esse é o objetivo dos administradores do Umbral.

– Mas têm administradores aqui também?

– Sim, tudo é administrado pelos Arcanjos do Senhor.

– Como assim?

Cinco Dias no Umbral

– Você se lembra de quando lhe disse que Deus nunca nos deixará sozinhos? Nina, ele é misericordioso para com todos os seus filhos. Todos temos a oportunidade de seguir a trilha da evolução, seja por querer ou até mesmo sem querer. Aqui há espíritos que se identificam e se harmonizam com essas ondas vibratórias e são utilizados pelos arcanjos como operários da organização do Umbral.

– Nossa, como Deus é bondoso!

– Sim, querida, bondoso, amoroso e caridoso. Todos vão evoluir, cada qual em seu tempo e conforme a sua vontade. A marcha evolutiva é justa e necessária a todos os espíritos. A bondade celestial encaminha todos a uma luz divina e eterna. Os planos celestiais são o mais alto degrau da evolução de todos os filhos de Deus.

– Então, Irmão Daniel, todos seguirão para a luz, querendo ou não, todos terão as oportunidades, que são contínuas e eternas.

– Muito bom, Nina, vejo que já está se recuperando e aprendendo bem rápido, como era de se esperar de um espírito tão obreiro como você.

– Sim, lembranças vivas estão a me tomar e me fazem sentir coisas diferentes. Estou relembrando de todas as minhas vidas pretéritas e isso me elucida a memória.

– É assim mesmo, em breve você vai se lembrar de tudo, seja paciente.

– Serei, sempre – afirmou Nina com um sorriso de agradecimento e compreensão. Daniel volta-se para os guardiões e os evoca com um chamado firme.

– Guardiões, estamos prontos para seguir?

– Ainda não, Irmão Daniel, não podemos seguir adiante.

– Mas, como assim, o que houve?

– Precisamos falar a sós.

– Sim, com licença, Nina, já volto.

Afastando-se do grupo, o índio informa a Daniel que terão que esperar um pouco. Um grave acidente está ocorrendo na Terra e muitos dos que estão desencarnando coletivamente estão sendo levados pela mesma estrada em que eles se encontram. Por isso, é recomendável que os que estão chegando não tenham acesso a eles.

Daniel, compreendendo a gravidade da situação, recomenda a todos que esperem até que possam seguir em frente. Afastando-se do grupo, Daniel vai até uma encosta repleta de um limo denso e escuro. Ele se ajoelha e começa a orar. Uma luz o envolve como um grande farol de energia enevoada de uma cor amarela intensa, iluminando-o de cima para baixo, como cascatas de luz.

Cinco Dias no Umbral

Minha Senhora, encontro-me aqui em missão de socorro e ajuda a uma irmã que sofre nas ondas escuras do Umbral. Peço-te que nos guarde dos males que possam estar em nosso caminho. Suplico-lhe que nossos guardiões sejam fortalecidos pela tua luz, esta que nos guia nesta missão. Por favor, cubra-me com vossa força e coragem. Que assim seja. Amém.

* * *

Após um bom tempo de espera, os guardiões receberam a mensagem informando que a caravana poderia seguir caminho. Cavalos prontos, todos seguiram viagem. Começaram a descer a colina com muito cuidado. Logo à frente depararam-se com uma encruzilhada. Por determinação dos guardiões, eles seguiram pela direita, atravessando um rio de águas turvas e sujas.

– Vamos parar aqui.

– Estamos perto, guardião?

– Sim. Daqui por diante vamos seguir caminhando.

– Lucas, fique aqui, por favor, e vigie os cavalos. Dê água e alimento aos animais.

– Sim, Irmão Daniel, pode deixar que cuidarei deles.

Nina, segurando a mão de Rodrigo, caminha ansiosa pelo reencontro com Soraya. Alguns espíritos com trajes escuros e esfarrapados, com as feições de mortos-vivos, se afastam.

– Por que eles fogem assim de nós, Rodrigo?

– São espíritos que perderam a esperança de sair daqui. Ficam acuados e amedrontados com a nossa presença. Estão há muito tempo aqui e, desanimados, não oram e nem pedem ajuda aos que poderiam ajudá-los. Mais à frente você verá outros que tentarão nos seguir. Esses dão mais trabalho. Mas fique calma que estamos seguros com os nossos guardiões por perto.

– Daniel, olhe, veja se é essa que estamos procurando! – gritou o índio ao longe.

– Qual o seu nome, Irmã?

– Joana.

– Irmã, ore a Deus e a todos os espíritos divinos e superiores para que um dia possamos resgatar você.

– Por favor, me leve com vocês, me leve agora.

– Não temos permissão, querida Irmã, desculpe. Mas prometo que vou orar por você e pedir misericórdia a Deus para que um dia possamos buscá-la.

Cinco Dias no Umbral

Com suas palavras e seu olhar, Daniel consegue tranquilizá-la, mesmo estando em profundo desespero.

– Obrigado, Senhor, mas qual o seu nome?

– Daniel, Irmão Daniel.

– Obrigada, grande homem de luz. Vou orar em seu nome para que um dia possa vir me buscar.

– Ei, você aí, ei moço, me leva com vocês?

– Não posso, infelizmente. Ore para Deus enviar espíritos abençoados de muita luz e bondade.

– Por favor, me leve daqui, você é tão iluminado, eu consigo ver, você deve ter esse poder...

– Não podemos, lamento muito. Nina, venha até aqui, por favor.

– Sim, Daniel.

– Grite bem alto o nome de Soraya, do fundo de sua alma.

– Soraya! Soraya!

Os gritos de Nina rasgaram o breu do Umbral em um eco de esperança e fé. Os segundos que sucederam cada um dos gritos pareceram durar uma eternidade. Havia no ar um misto de silêncio, com todos sentindo uma grande expectativa em ouvir alguma resposta, e ruído, por causa dos gritos dos espíritos que continuavam a tumultuar com reclamações e agressões o grupo da caravana.

~ 148 ~

– Felipe, Felipe, olha só, você tá ouvindo? Meu Deus, só posso estar delirando. Tem alguém me chamando mesmo?!

– Não está delirando não, Soraya. Também estou ouvindo. Tem uma voz feminina chamando você sim. Quem será, meu Deus?

– Conheço essa voz... mas onde ela está? – E os gritos seguiam sem cessar.

– Soraya! Soraya!

Soraya e Felipe correram na direção em que escutavam os gritos de Nina. Eles se movimentavam com muita dificuldade, pois estavam bastante cansados de respirar aquele ar que mais parecia um gás de enxofre. Finalmente, Soraya encontra o grupo, chegando antes de Felipe.

– Nina, meu Deus, é você mesma? Não consigo acreditar.

– Sim, sou eu, sou eu sim. Pode acreditar. Que saudade de você! Meu Deus, o que houve com você?

Nina a abraçou com fervor pouco se importando com o estado da prima. Todos se emocionaram com a cena. Irmão Daniel cumprimentou Rodrigo como se estivessem celebrando o sucesso da missão, mesmo sabendo que ainda não estava terminada. Felipe só então se aproximou das duas e com os olhos em lágrimas, ajoelhou-se, com as mãos fixadas no rosto, como se não acreditasse no que estava vendo.

Cinco Dias no Umbral

– Felipe, é você?

– Sou eu, Nina! Meu Deus, que felicidade encontrar você aqui! Pensei que nunca mais iria sair daqui. Pensei que nunca mais ia reencontrar você. Deus, meu Deus! Obrigado, obrigado, meu Deus! Já estava quase ficando descrente da misericórida divina e você me envia a pessoa que mais amei na vida.

Os três se abraçaram. Todos se sentiram comovidos com a cena e se aproximaram com lágrimas nos olhos. Juntos, comemoraram este reencontro tão bonito e emocionante que tocou cada um ali presente.

– Vocês vieram me buscar?

– Sim, Soraya, viemos buscar você – respondeu Irmão Daniel.

– Oh, meu Deus, obrigada, muito obrigada, como agradecer um ato tão grandioso como esse?!

– Agradeça muito à sua mãe e ao seu pai que, em nenhum momento deixaram de orar e pedir por você. Isso colaborou muito com a autorização para virmos resgatá-la.

– Nossa, meus pais, tão amados, tão queridos. Sempre foram bons, sempre me aconselharam e me ajudaram. Eu é que não dava ouvidos a eles. Mas agora sei o que devo fazer. Sinto em minha alma. Quero seguir com vocês, seja para onde for, e me esforçar muito para me redimir de todas as coisas erradas que fiz em minha vida.

– Que bom, Irmã! Só o fato de você falar isso já demonstra o seu merecimento em podermos estar aqui. É o ponto de partida. Você estar já pensando desta forma demonstra que você está com o caminho da recuperação diante de seus olhos. Não os olhos físicos, mas os olhos espirituais.

Daniel apresentou o restante da caravana a Felipe e Soraya. Contou que o Cigano Rodrigo era seu braço direito na administração da Colônia Amor & Caridade e então apresentou o índio, o principal responsável pela segurança, sendo, inclusive, o diretor da guarda dos portões e do grande muro que resguarda todo o entorno da Colônia.

– Guardiões, por favor, vamos escolher um local seguro para ficarmos esta noite. Amanhã percorreremos o caminho de volta. Vocês poderiam ir até a estrada para trazerem o Lucas com os cavalos e junto todo o material de viagem? Obrigado.

No lugar onde havia um pequeno córrego de águas escuras, Daniel pediu a Sheila que pegasse alguns potes nas sacolas de viagem. Eles encheram as cumbucas com a água turva, mas, juntos, transformaram-na em uma água cristalina, fluidificada e pronta para consumo. Imediatamente deram-na para Soraya e Felipe beberem. Nina estava encantada e olhava tudo aquilo com grande admiração.

Uma fogueira foi acesa e todos se acomodaram à sua volta. Conversaram relembrando alguns momentos vivi-

Cinco Dias no Umbral

dos na vida corpórea. Nina aproveitou para alegrar o coração de Felipe, relembrando dos bons momentos que viveram juntos. Conversaram muito sobre a Colônia. Nina explicou algumas das obras de caridade realizadas pela Mentora e sobre as almas salvas por meio da evangelização na Terra também. Explicou a Felipe que a Colônia de Catarina é um lugar lindo e maravilhoso, com muitas crianças, inclusive.

A saudade invadiu os pensamentos de Nina e Soraya. Relembraram da família e, com os olhos marejados, as duas se abraçavam. Nina então convidou Felipe e Soraya para, juntos, fazerem uma oração de agradecimento por aquele momento. Rodrigo afastou-se discretamente da roda com Daniel.

– Daniel, sabes que esse menino Felipe não está autorizado a seguir conosco, não é? – Daniel estava com a fisionomia visivelmente entristecida. Sabia que só poderiam ajudar àqueles que tinham a permissão para serem ajudados. Respondeu a Rodrigo com uma dura tristeza que ficava nítida em sua voz.

– Sim, Rodrigo, sei sim.

– O que faremos então?

– Vamos ser prudentes e esperar que nossa Mentora mande algum sinal. Como você sabe, esse imprevisto tem seu objetivo. Esse menino não era para estar com a

Soraya. Se está, o que posso fazer a não ser esperar por ordens e diretrizes?

– Entendo, Daniel. Mas sabemos que a nossa missão é destinada apenas ao resgate de Soraya. Não sei como faremos se não formos autorizados a levá-lo conosco.

– Vamos aguardar, Rodrigo. Amanhã decidiremos todos juntos o que faremos.

– Sim, vamos esperar por algum sinal de nossa Mentora.

No acampamento da caravana o papo prosseguia. Sheila e Marques conversavam com Soraya, que estava muito curiosa em saber como funcionava tudo lá na Colônia, enquanto Nina e Felipe continuavam matando a saudade e colocando o assunto em dia.

– Mas, então, Felipe, me fale mais de você. Não entendo como você veio parar aqui. Você sempre foi um menino tão bom. Lembro muito bem de como você se esforçava nos estudos. Lembro das dificuldades com sua mãe. Mas você sempre foi muito confiante e procurava superar todos os obstáculos. Me recordo que você queria ser médico e estudava demasiadamente para atingir esse objetivo. Você se lembra? Mas o que aconteceu?

– Nina, quando mudamos do bairro onde morávamos as coisas ficaram ainda piores. Minha mãe me abandonou na casa de uma amiga chamada Joana. Disse que sairia para

Cinco Dias no Umbral

comprar algumas coisas para o jantar e nunca mais voltou. Joana não tinha condições de me criar. Exigiu que eu fosse trabalhar na feira, catando restos de alimentos. Com estes restos, ela fazia a comida que sustentava a mim e aos outros quatro filhos que ela criava. Sentia-me responsável pela alimentação das crianças. Muitas vezes, se não fosse por mim, não teríamos nada para comer. Os restos da feira foram nosso alimento durante muito tempo. Um dia soube que você estava doente e que seu coração não estava bem. Mas não sabia onde você morava mais e fiquei sem conseguir...

Nina ouvia tudo com muita atenção e com o coração apertado. Pensava consigo mesma em como a vida tem caminhos que nós, muitas vezes, não compreendemos. Em como tudo segue por trajetórias que poderiam ser tão diferentes em uma fração de segundos, em um gesto, uma palavra. Eles poderiam ter tido uma vida inteira juntos pela frente, mas ele, o destino, implacável e muitas vezes soberano, separou seus passos nessa incrível caminhada que é a vida. Felipe prosseguia.

– ... Tive que deixar a escola. Às vezes eu resolvia procurar por minha mãe. Tive informações na feira que ela estaria por perto. Procurei durante seis meses até que a encontrei num lugar muito feio, sujo, fétido. Era, inclusive, muito parecido com esse aqui. Era um lugar onde só havia viciados em drogas. Eles praticavam pequenos furtos para manter o vício. Minha mãe estava praticamente irreconhecível, totalmente dependente da droga. Tentei tirar ela de lá e levá-la para a casa de Joana, mas Joana não quis saber de minha mãe em sua casa. Só me restou ir morar com ela na rua para tentar ao menos protegê-la. Passamos por muitas dificuldades juntos. O vício não permitia que ela fosse uma pessoa normal. Conseguimos sobreviver na rua com certo alento, pois tinha pessoas que nos levavam cobertores e todos os dias nos davam comida. Até que um dia, uns homens que forneciam drogas para minha mãe resolveram cobrar uma dívida que ela havia contraído com eles. Eu estava com dezessete anos e tentei protegê-la. Foi quando um deles disparou uma arma, não sei se ao acaso, não sei se de forma proposital. Só sei que a bala acabou me atingindo e eu desencarnei, vindo parar aqui nesse lugar.

– Meu Deus, Felipe, mas que triste tudo isso. Eu sinto muito, sinto mesmo, profundamente.

– No começo, foi muito difícil para mim. Mas com o tempo fui me acostumando a viver nessa condição. Hoje auxilio pessoas que estão sofrendo aqui. Sinto muita vontade de sair, mas não consigo. Parece que alguma coisa me prende a essa condição. Não sei o que é. Há alguns meses, um grupo de espíritos levou um amigo meu que

Cinco Dias no Umbral

era meu companheiro de trabalho aqui. Quando cheguei foi ele quem se aproximou de mim e me ajudou a ficar nessa condição um pouco melhor em que estou agora. Me ensinou tudo o que sei desse lugar. Aprendi que aqui é um lugar de arrependimentos e de cobrança dos atos que praticamos quando vivos na Terra. Sei que só se sai daqui com a ajuda de espíritos mais elevados e pela misericórdia de Deus. Sei que os pensamentos, as atitudes e as palavras têm poder aqui, como em todo lugar. As preces vindas do mundo dos vivos são muito bem recebidas e valiosas. Mas, infelizmente, acho que não tenho quem ore por mim. Faço minhas orações todos os dias, mas vejo que são inúteis. Não sei mais o tempo que estou aqui, mas acredito que seja algo em torno de cinco a seis anos.

– Felipe, eu vou orar hoje para a nossa Mentora. Vou agradecer por ter permitido que viéssemos buscar você. Fique tranquilo que levaremos você conosco.

– Obrigado, Nina. Estou realmente muito feliz em ser você o anjo de luz que vai me tirar daqui.

– Acalme-se. Não pense mais nas tristezas. Pense agora só nas alegrias que você viverá conosco lá na Colônia.

– Sempre sonhei com esse dia em que alguém viria me buscar. Graças a Deus esse dia chegou. Estou calmo e feliz, mais feliz ainda por poder estar com você e ver que você se encontra bem.

– Sim, graças a Deus meu sofrimento terminou. Agora é seguir em frente, progredindo.

– Sim, seguir em frente.

Sorrindo, Nina e Felipe se abraçaram muito felizes. Nem sequer repararam que Daniel e Rodrigo estavam de longe observando a cena.

– Daniel, vai ser uma tarefa difícil se não nos for permitido levar o menino. Estou muito preocupado. Ele está confiante em seu resgate e Nina feliz por poder ajudá-lo.

– Sim, Rodrigo, estou vendo que será uma tarefa difícil para todos nós. Mas é uma prova que temos que superar juntos com muita fé e crença no poder da oração. As decisões dos espíritos superiores são supremas. Nina, principalmente, precisará mostrar toda sua capacidade de compreensão e fé.

– É, irmão, a cada dia que passa aprendemos mais com nossa Mentora. Quando achamos que já sabemos um tanto de coisas, ela vem e nos mostra que ainda há muito o que evoluir.

– Fique tranquilo. Sejamos confiantes na bondade de Deus. Oremos para que tudo dê certo e possamos, o quanto antes, sair daqui. Amanhã será o nosso quarto dia e teremos que partir. Não é nada aconselhável ficar aqui por mais do que cinco dias. O desgaste energético é mui-

Cinco Dias no Umbral

to grande. A forma plasmada necessária a esses resgates nos consome e não podemos ficar tanto tempo expostos a essa energia densa. Em condições diferentes não teríamos problemas. Mas é necessário doarmos muita energia a Nina e a Soraya para que possamos levá-las de volta com segurança. Nina ainda não se recuperou totalmente do desencarne e do desprendimento dos laços do perispírito com seu corpo. Soraya está em condições de extrema deficiência energética. Seu espírito está em condições deploráveis. Precisamos canalizar todas as nossas energias para recompor seu campo energético, para que ela consiga fazer a viagem de volta sem sustos. Se a levarmos nessas condições, nosso tempo de viagem será ainda maior, dificultando também nossa reentrada nas esferas superiores.

– Daniel, sabendo disso tudo, por que será que nossa Mentora permitiu que Nina viesse conosco? – disse Rodrigo como se quisesse buscar o aprendizado de mais uma lição.

– Decisões de nossa Mentora são inquestionáveis. Temos apenas que cumprir o que ela determina. Se ela nos mandou para cá nestas condições e variáveis, com todos esses problemas, ela saberá nos guiar no caminho de volta.

– Só fico realmente preocupado com o garoto. Parece ser um bom espírito. Observe sua aura. Está clara, porém impossibilitada de se mostrar devido às condições desse lugar. Por que será que ele ainda não foi resgatado?

– Neste momento, não temos informações sobre Felipe. Nossas ordens são para auxiliar Nina no resgate de Soraya.

Daniel conduz Rodrigo para voltarem ao grupo e chama todos para uma corrente de oração. Profere uma linda prece em agradecimento por terem encontrado Soraya e Felipe. Todos juntos pedem com muita força aos mentores de luz que permitam que a viagem de volta seja tranquila e serena.

Día 4

"Não nos esqueçamos de que a floresta se levantou de sementes quase invisíveis, de que o rio se forma das fontes pequeninas e de que a luz do Céu, em nós mesmos, começa de pequeninos raios de amor a se nos irradiarem do coração."

Meimei

OSMAR BARBOSA

Todos acordaram cedo, sentindo a expectativa de retornarem à Colônia Amor & Caridade. O índio trouxe novamente o chá para resguardar e refluidificar a todos. Nina, Felipe e Soraya estavam tão alegres com o amanhecer do dia da partida, que demoraram um tanto para perceberem que Daniel não estava entre eles. Logo que se deram conta, perguntaram ao guardião que estava de plantão pela manhã a respeito do paradeiro de Daniel. O guardião avisou que Daniel precisou se ausentar por instantes e deixou um recado: para que todos aguardassem seu retorno no acampamento. E ainda completou que Daniel havia deixado o acampamento antes mesmo do amanhecer, muito antes da alvorada e do despertar de todos. Nem mesmo o índio, que costumava levantar antes de todos para preparar o chá, o viu sair.

Durante o repouso de todos, Daniel precisava garantir que havia tentado ao limite conseguir o direito de resgatar Felipe. Orou muito, com tal intensidade e de forma tão incansável, que praticamente esgotou todas as suas energias vibratórias. Pediu com todas as suas forças à Catarina

~ 163 ~

Cinco Dias no Umbral

que o auxiliasse na missão que teria pela frente. Quando de fato comprovou que não era a hora de Felipe, e que ele não poderia voltar com a caravana, Daniel precisou ainda pensar muito em como conduziria a situação.

Depois de muito orar e pensar, retornou ao acampamento pedindo aos espíritos superiores que lhe conferissem a serenidade e a sabedoria necessárias para agir com benevolência e justiça. Antes de se aproximar mais, mesmo ao longe, já se antecipava em ir preparando o grupo fluidicamente para os momentos difíceis que todos enfrentariam em instantes.

– Nina, preciso falar com você.

– Oi, Daniel, tudo bem? Estávamos ansiosos por sua volta.

Os dois se afastaram do grupo, que se manteve em silêncio e se entreolhando, sem entender o que estava acontecendo. Daniel estava com o rosto entristecido e Nina logo percebeu que essa sua fisionomia já dizia muito. Daniel foi direto ao ponto.

– Nina, infelizmente não temos permissão para resgatar Felipe. Orei por horas, pedindo à nossa Mentora que nos autorizasse a levá-lo conosco, mas, infelizmente, não obtivemos essa permissão neste momento.

– Minha nossa, não posso acreditar nisso. Como assim, Irmão Daniel? O Felipe é meu grande amor. Ele, por muitas vezes, me confortou, me transmitiu coragem e determinação para seguir adiante, mesmo com tantas dificuldades e enfermidades em minha vida. O Felipe nunca fez mal a ninguém. Sempre foi prestativo e bondoso com todos, na escola, na rua, um amigo inseparável de sua mãe, mesmo tendo sido abandonado por ela. Esse menino não pode ficar aqui. Não é justo que ele passe por isso por mais tempo. Ele precisa de mim. E eu também preciso dele.

– Eu compreendo sua tristeza, Nina. Mas não temos autorização. Sem permissão, não podemos levá-lo.

– Ok, sem problemas, eu entendo – e quando Daniel já ia concluir a conversa, Nina emendou em outro sentido:

– Mas então vamos fazer o seguinte: levem Soraya com vocês. Eu vou ficar aqui. Sem Felipe eu não partirei com vocês.

Daniel arregalou os olhos se espantando com a decisão de Nina. Respirou fundo, recobrou a serenidade para encontrar as melhores palavras para explicar a Nina a situação e as consequências de sua decisão.

– Nina, você não pode ficar aqui, não é uma decisão tão simples. Você ainda não está totalmente recuperada para suportar nem mais um dia no Umbral. Temos prazo para entrar e sair. Não é assim que funcionam as coisas nos planos superiores. Os mundos espirituais são administrados e dirigidos por espíritos sábios, espíritos de muita luz.

Cinco Dias no Umbral

Eles administram tudo por aqui como se fosse uma empresa que precisa de estrutura, organização, planejamento e disciplina. E, além disso tudo, aqui não é o seu lugar. Não seja impulsiva e não aja com sentimentos que já não lhe pertencem.

– Daniel, mas vamos pensar juntos. Se nós chegamos aqui e encontramos o Felipe junto com a Soraya, há algo que não estamos enxergando. Por que ele estaria justamente com Soraya, a pessoa que viemos resgatar? Eles nem sequer se conheciam. Como pode agora não termos permissão para levá-lo? É muito difícil conseguir entender tudo isso. Não consigo me conformar. É impossível.

– Exatamente estes pontos, entre tantos outros, que argumentei com a nossa Mentora. Nem tudo nos é revelado, Nina. As revelações nos são fornecidas de acordo com o nosso merecimento, nossa evolução. Espíritos mais evoluídos têm acesso a cada vez mais informação, conforme seguem evoluindo. Espíritos menos evoluídos, a cada vez menos, se distanciando dos degraus superiores e se aproximando dos níveis vibracionais que atrairão espíritos ruins por afinidade. Essa é a regra. É evoluindo que conseguimos consolidar o nosso patrimônio espiritual. É assim que nos aproximamos dos espíritos mais superiores, conquistando ainda mais o entendimento e o merecimento para termos acesso a mais informações, e também compreendê-las.

~ 166 ~

– Entendo isso tudo, Irmão Daniel. Entendo, agradeço cada palavra sua, cada ensinamento. E respeito tudo isso, do fundo do meu coração, que sinto bater tão forte neste momento como se estivesse ainda encarnada. Só que tenho meu livre-arbítrio aqui e onde estiver, não é mesmo? Pois então. Minha decisão está tomada. Sinto muito, mas quando o coração sussurra, toda a razão do mundo pode gritar bem alto que eu opto por escutar meu coração.

– Nina, sei perfeitamente que você tem a consciência de seus atos. E respeito muito sua inspiração em seguir seu coração. Você não está errada nisso e nunca estará em fazê-lo. Porém, espíritos não devem andar para trás. Ficar no Umbral, contra a vontade e a permissão, é andar para trás. Isso pode afastá-la de Felipe, inclusive. A pena é de acordo com o merecimento assim como a ascensão. As vibrações de seus pensamentos podem definitivamente afastá-la de Felipe. A condição em que ele está será devidamente confrontada com o que ele ainda tem a fazer. Reflita com os sentimentos puros do coração.

– Irmão Daniel, preciso pensar. Teria como eu ter algum tempo para pensar mais um pouco. Estou com uma angústia enorme dentro de mim e preciso me concentrar, me acalmar, decidir definitivamente.

– Claro, Nina. Só não demore muito. Todo e qualquer tempo desperdiçado agora pode se tornar um problema ainda maior mais à frente. Vou conversar com os outros e prepará-los para a viagem. Reflita em paz.

Nina se voltou para o vale, agora sozinha. Estava na beira de um precipício montanhoso. Seus cabelos ruivos e cacheados voavam soltos ao vento. Ela fechou os olhos e viajou. Milhões de informações e imagens surgiram como flashes em sua mente. Seu rosto se contraiu em um choro intenso e desesperado. Nina então decidiu se ajoelhar para uma última prece mais inflamada. Implorou a Catarina para que a escutasse e permitisse o resgate de Felipe.

> *Divina e amada Catarina. Rogo a ti para que permitas que resgatemos o nosso irmão Felipe. Imploro por sua misericórdia e compreensão. Precisamos ajudar a este pobre espírito que está em situação tão necessitada e lastimável. Precisamos socorrê-lo e conduzi-lo em direção ao caminho da luz. Divina mãe, por favor, atenda nossas preces e nos ajude a suportar tamanha angústia em nosso peito.*

– Daniel, precisamos ir. Fomos avistados por espíritos perturbadores. Eles estão vindo em grande número. Parecem ter se reunido durante a noite para planejar algum motim.

– Espere, índio, já estamos partindo. Só mais alguns instantes.

– Soraya está pronta? Iremos partir em breve.

Daniel se aproximou de Felipe, ergueu as duas mãos, colocando-as sobre seus ombros, como se quisesse consolá-lo. Olhou em seus olhos e disse pausadamente, de forma serena, mas muito emocionada.

– Felipe, preciso lhe falar e vou direto ao ponto. Infelizmente não temos permissão para levar você. Orei muito aos nossos superiores durante muitas horas, desde que chegamos na verdade, mas não fomos autorizados. Tenha paciência, mantenha a calma, tenho a certeza de que seu momento chegará.

Abatido e surpreso com as palavras de Daniel, Felipe ajoelhou já com muitas lágrimas no rosto. Nina surgiu ao longe, retornando neste momento ao acampamento, ainda com o rosto inchado, denunciando que acabara de chorar bastante. Felipe virou-se para ela e curvou o corpo sobre os joelhos, mantendo-se em um silêncio perturbador. Foram alguns poucos segundos, mas que pareceram dias. Daniel deu um passo na direção de Felipe e repousou a mão direita sobre suas costas, transmitindo a ele fluidos de conforto e paz. Sheila e Marques observavam com extrema tristeza e também não conseguiram conter as lágrimas. Felipe então levantou, enxugou um pouco

Cinco Dias no Umbral

das lágrimas e tentou se recompor minimamente. O índio então estendeu sua mão ao rapaz com um pedaço de pano marrom nela. Felipe o pegou, agradecendo a ele com um olhar emocionado. O pano parecia ter uma luz branca que o envolvia, reluzindo, como um vapor iluminado. Felipe se encantou com aquilo, respirou fundo, enxugou mais um tanto de lágrimas e disse assim:

– Não se preocupem. Eu compreendo. Preciso compreender. Não se preocupem, ficarei bem. Já estou há bastante tempo aqui. Quem sabe um dia vocês poderão vir me buscar. Confesso que achei que seria agora que me libertaria desse mundo de escuridão e sofrimento. Mas confio muito em todos vocês e espero que um dia vocês possam vir me buscar. Sonharei dia e noite com o momento em que serei livre e poderei buscar outros caminhos para minha felicidade. Agora, mais do que nunca, me dedicarei às preces para a minha libertação.

Daniel está emocionado com a forma sábia com que Felipe lidou com situação tão difícil.

– Sim, Felipe, estaremos em oração para que um dia nos seja permitida esta viagem.

Daniel então olhou para o índio e perguntou sobre as sementes. Todos se olharam, ainda enxugando as lágrimas, sem entender que pedido era aquele. Que sementes seriam essas? E por que Daniel falaria disso agora, justamente naquele momento? Sem nem precisar explicar muito, compreendendo tudo diretamente do olhar do Irmão Daniel, o índio sabia do que se tratava. Prontamente colocou sua mão repleta de marcas de batalhas em uma das pequenas bolsas de tecido cru marrom que trazia presas à cintura de sua calça branca. Retirou então algo dali de dentro que ninguém conseguia identificar muito bem ao certo do que se tratava, já que sua mão era, pelo menos, algumas vezes maior do que a própria bolsa. Só quando ele abriu calmamente os dedos, com a palma da mão virada para Daniel, que todos puderam constatar de fato do que se tratava: eram pequenas sementes, muito iluminadas. Era como se fossem pequenas pedras preciosas, muito raras e valiosas, que liberavam pequeninos fluxos de energia à sua volta que faziam parecer que elas estavam vivas.

O índio então aproximou-se de Daniel, que aguardava sorrindo, com um brilho intenso nos olhos. Daniel estendeu as duas mãos juntas na direção do índio que repousou, bem calmamente, as sementes dentro das mãos dele. Tudo com muito cuidado para não deixar nenhuma semente cair em vão. Logo que tocaram a pele de Daniel, as pequenas sementes vibraram ainda mais, com uma luz ainda mais forte. Naquele momento, eram como se fossem pequenas estrelas cadentes repousadas nas mãos de Daniel. Aquilo tudo impressionou a todos. Mais do que isso: emocionou profundamente cada um

Cinco Dias no Umbral

ali presente. Mesmo aqueles que já estavam haviam mais tempo no plano espiritual e já tinham visto de tudo um pouco. Daniel sorriu contemplando a perfeição e beleza intensa daquelas preciosidades espirituais que tinha em suas mãos. Então estendeu as sementes na direção de Felipe e disse assim:

– Felipe, essas sementes são para você – todos ficaram surpresos e arregalaram os olhos. Daniel prosseguiu:

– Nossa Mentora me orientou a entregá-las para você. Deve escolher um lugar por aqui, que seja próximo da água, com um terreno úmido. Então deve plantá-las com todo seu amor e caridade firmes no coração.

Felipe, mesmo muito emocionado, interrompeu.

– Daniel, agradeço e me emociono profundamente com sua intenção de me presentear, e até de tentar melhorar isso aqui. Mas nada nasce aqui nestas terras. Olhe à nossa volta. Todas as plantas estão mortas. Não há um sinal de vida aqui sequer, nenhum princípio vital.

– Felipe, confie. Simplesmente atenda nossa Mentora. Plante estas sementes, e todos os dias em um mesmo horário, determinado por você, ajoelhe-se diante do local em que as plantou e ore com toda sua força. Peça ajuda para que seja permitido a você sair daqui. Aceite essa recomendação. Plante e ore.

~ 172 ~

– Sim, Irmão Daniel, sem dúvida. Farei isso sim. Exatamente como você me orienta.

– Nina, infelizmente temos que partir.

– Sim, Daniel. Só preciso de alguns segundos a sós com o Felipe.

– Sim, claro. Vamos adiantando os últimos acertos.

Nina tomou Felipe pelas mãos, afastando-se do grupo, e o conduziu para perto de uma árvore com os galhos todos retorcidos e entrelaçados, como se tivessem em algum momento suplicado por um último suspiro de vida. Nina o abraçou fortemente e, durante alguns minutos, ficaram calados, em um silêncio cúmplice, com os corpos colados, num longo e caloroso abraço. Pareciam levitar. Queriam sentir a sensação de que ainda estavam encarnados na Terra e que tudo aquilo não passava de um pesadelo bem real. Quando caíram em si e perceberam que, de fato, estavam no Umbral, Nina se afastou um pouco, pegou as duas mãos de Felipe, olhou bem no fundo de seus olhos e disse assim:

– Felipe, acabei de chegar da Terra e me trouxeram para cá para ajudar no resgate de minha prima Soraya. Em um primeiro momento, resisti. Não me sentia forte o suficiente e muito menos preparada para tal missão. Mas algo mudou e acordei em um dia disposta e acreditando

sensivelmente que tinha que vir. Hoje entendo porque isso aconteceu. Não esperava te encontrar aqui. Jamais poderia imaginar. Mas hoje compreendo que eu tinha que ter vindo justamente para isso: para te encontrar. Estou com o coração em frangalhos e com a cabeça muito confusa. Não consigo entender ainda muito bem porque motivo não podemos levar você com a gente. Mas parto compreendendo a prova à qual estamos sendo submetidos. Precisamos ser fortes e acreditar na lógica divina. Parto hoje deixando claro que farei o possível e o impossível para voltar aqui e te buscar. Tentarei tudo que for necessário fazer diante de todos os nossos superiores, incluindo nossa Mentora, para o quanto antes eu possa vir resgatar você.
– Nina teve que puxar o ar bem fundo para não desabar em choro. Uma lágrima escapuliu. A voz embargou de vez. Olhou para cima como se quisesse ordenar às lágrimas que elas não tinham permissão para surgirem agora, como se dissesse "voltem já para esses olhos e esperem pelo menos eu terminar de falar para saírem daí". Quando conseguiu o ar que precisava para prosseguir, assim o fez:

– Sou profundamente grata a você por tudo o que fez em nossa infância e juventude. Saiba que, se amei realmente alguém enquanto vivi na Terra, esse alguém foi você. E é em nome desse amor que lhe prometo que vou voltar, pois não é prudente desrespeitar uma orientação de Catarina e dos planos superiores.

OSMAR BARBOSA

– Fique tranquila. Só de ouvir essas suas palavras já me dou por satisfeito. Ficarei abraçado com elas, cada uma delas. Serão uma forma de consolo ao meu sofrimento. Guardarei cada palavra em meu peito e, sempre que me bater alguma dor, algum sofrimento, recorrerei a elas com toda a avidez, e suas palavras me confortarão a alma. Saber que você me amou me faz acreditar que o meu amor é profundo e poderoso. Pode seguir em paz. A caravana deve partir agora. Eu já me acostumei a viver aqui. Parece que alguma coisa ainda falta acontecer para eu poder me livrar disso tudo. Seguirei o conselho de Daniel e a orientação de Catarina. Plantarei as sementes que ele me deu. Todos os dias, às cinco horas da tarde, estarei aqui, de joelhos, fazendo a prece mais sincera e calorosa do mundo.

Já enxugando algumas lágrimas, Nina tentou complementar.

– Isso mesmo. Eu vou fazer o mesmo. Todos os dias, às cinco horas, estarei lá na Colônia orando também, em sintonia com você.

Os dois se beijaram de forma singela e carinhosa. E deram o último abraço antes da despedida final. Quando retornaram ao acampamento, todos já estavam montados em seus cavalos e começando a partir lentamente. Felipe ficou um pouco mais distante, em pé em cima de um monte um pouco mais alto, de onde poderia acenar e ver

Cinco Dias no Umbral

a caravana partir. Desejava mentalmente uma boa viagem de retorno a todos eles. Nina, com os olhos umedecidos de lágrimas, de cabeça baixa, preferia não ver a cena.

– Tenha calma, Nina, vamos orar muito para que nos seja permitido o resgate de Felipe.

– Obrigada, Daniel e perdoe-me pelo meu momento de fraqueza e questionamento.

– Sem problemas, querida, faz parte da nossa trajetória.

Em pouco tempo, os cavalos já estavam galopando a grande velocidade em uma estrada de terra negra, levantando uma fumaça densa e escura. Procuravam viajar o mais rápido possível. Felipe sentou-se no monte onde estava em pé. Respirou fundo e foi envolvido em uma enorme tristeza. Seus pensamentos viajaram no tempo relembrando os momentos felizes que viveu ao lado de Nina. Recordou do lanche gostoso que sempre fazia com ela na escola, nos dias de piquenique. O sorriso daquela menininha ruiva não saía de sua mente, sempre tão frágil, devido à sua doença. Nina era uma menina meiga e carinhosa com todos. Felipe sempre achou que sua pele, tão branquinha, parecia transmitir uma luz de dentro dela. Hoje ele via que não era uma impressão. Nina realmente era e sempre fora um espírito intensamente iluminado. Sempre linda como nenhuma outra menina da escola. Uma beleza não apenas física, mas espiritual. Amante da literatura e de línguas, Nina sempre foi um exemplo para todos. Seu amor com os animais era o que a destacava ainda mais das outras pessoas. Não compreendia como as pessoas podiam ter a inferioridade de maltratar qualquer bicho que fosse ou até se alimentar com eles. Nina os via como seres iguais a nós.

Felipe recobrou os sentidos e resolveu procurar um lugar para plantar as sementes entregues por Daniel. Precisava começar imediatamente a implorar por sua salvação. Colocou-se então a caminhar para terras mais acima, mais próximas da montanha em que estava o caminho em que Nina chegou e que partiu em caravana.

Caminhou durante algum tempo e encontrou uma campineira baixa. Bem próximo havia um pequeno córrego. Felipe ajoelhou-se para plantar as sementes. Repousou-as com cuidado ao seu lado e enfiou as próprias mãos no lodo fétido e lamacento do chão do Umbral. Ao escavar a primeira leva de lodo, o cheiro ficou ainda mais forte. Felipe não fraquejou. Continuou mais uma, duas, três vezes, até chegar a uma boa profundidade para o plantio. Pegou então as sementes com cuidado, pois suas mãos estavam bem sujas com a lama preta. A energia em volta delas continuava reluzente. Aquela luz dava a Felipe a certeza profunda de que estava fazendo algo muito correto e bonito. Repousou uma a uma no fundo do buraco e então recolocou sobre elas o lodo retirado.

Cinco Dias no Umbral

Já ia se levantando e saindo quando se recordou da recomendação de Daniel. Voltou-se novamente ao local e orou pedindo a Deus que lhe enviasse espíritos de luz em resgate. Juntou as duas mãos em oração, mesmo que ainda lamacentas e pingando de lodo. Lágrimas corriam de seus olhos e, uma a uma, regavam o local onde havia plantado as sementes. Aquilo consumiu Felipe que ali mesmo resolveu deitar para descansar. Adormeceu.

Sem saber, ou mesmo se dar conta, Felipe escolheu um lugar transitório no Umbral. A região em que Soraya se encontrava era o lugar mais próximo de resgate dos iluminados. Plantando as sementes naquele local, junto com suas orações e sua fé profunda, Felipe estava mais próximo de elevar-se e, desta forma, facilitava em muito o seu socorro.

* * *

A mãe de Felipe seguia sua jornada na Terra, alimentando seu vício por drogas. Recentemente havia sido resgatada por uma instituição que cuidava de dependentes químicos em situação de risco iminente. Essa instituição recolhia pessoas na rua que estavam muito necessitadas e profundamente entregues ao vício. Em seguida, conseguiam promover a internação em clínicas de tratamento intensivo. As clínicas sobreviviam sustentadas pelas doações de pessoas de bem. Após seis meses de tratamento em uma dessas clínicas, Yara fugiu e retornou ao território em que se sentia em casa: os becos e ruelas do submundo obscuro da cidade.

Ao se deparar com Yara em um ponto de compra de drogas, Joana parecia não acreditar.

– Yara, meu Deus, o que você está fazendo aí, mulher?

– Estou comprando pão pro café da manhã, sua tonta!

– Mas, meu Deus, você não tem jeito mesmo, Yara. Não toma vergonha nessa cara. Uma mulher velha e acabada. Deveria ter vergonha de sua vida. Você se recorda como fez mal a todos e a si mesma?

Joana estava tentando de tudo para conseguir balançar Yara, tentando fazê-la constatar o quanto a sua vida estava entregue. Joana foi mais fundo. Yara começou a andar para sair daquela situação e fugir da bronca que estava tomando em público.

– Foi por sua causa que seu filho foi assassinado, Yara. Você sabe disso, não sabe? Não era melhor que você tivesse sido assassinada no lugar dele? Hein? Olha para mim! Não adianta apertar o passo e fugir da verdade. O pobre coitado sempre foi um menino bom e fez de tudo para tirar você dessa vida. E de que adiantou? Olha você aí, como se nada tivesse acontecido, vivendo do mesmo jeito.

Cinco Dias no Umbral

E pior: com os mesmos malandros da laia dos que executaram seu filho.

– Por que você não toma conta da sua vida e deixa a minha em paz, hein?

– Deus, tenha piedade dessa criatura.

Joana então se afastou, vendo que nada mais iria fazer Yara recolocar sua vida no prumo. Afinal, ela nunca teve responsabilidade para nada. Abandonada muito cedo pela mãe, repetiu com seu filho tudo aquilo que tinha acontecido com ela própria em sua infância. Estava fraca, muito magra e debilitada. Andava com dificuldades e vivia como uma mendiga viciada. Dava tristeza de ver.

Naquela mesma tarde, Yara sofreria um infarto fulminante. Após alguns dias, seu corpo teria sido achado por populares já em estado de putrefação, dentro de uma casa abandonada. O consumo excessivo de drogas havia destruído todo o seu organismo. Foi enterrada como indigente sem a presença de nenhum parente ou amigos. Yara deixava a Terra, sendo assistida por um grupo de pessoas que, por piedade, acompanharam seu desfecho dramático.

* * *

Nina conduziu Soraya até o pavilhão três da Colônia Amor & Caridade. Chegando lá, procuraram pelo Dr. Marcos, que recebeu as duas primas com grande receptividade e carinho. Soraya ainda estava muito extasiada com tudo à sua volta. Não conseguia acreditar em como sua situação havia melhorado. Estava agora em um lugar de plena beleza e harmonia. Todos se amavam como irmãos e tudo era muito organizado e correto. Havia paz e luz intensa para todo lado.

Dr. Marcos pediu a Soraya que se deitasse em uma das macas da enfermaria. Ela logo entraria em um sono recuperador profundo.

– Venha, Soraya, deite-se e descanse. Você ainda precisa se reenergizar para se recuperar desse período que passou no Umbral.

Já deitada, com os olhos piscando lentamente e sentindo os efeitos da energia fluídica das mãos do doutor, Soraya ainda encontrou força para dizer:

– Nina, obrigada por tudo o que você fez por mim.

Nina estava em pé, ao lado da maca. Passou sua mão nos cabelos de Soraya, ajudando no passe magnético e também fazendo um carinho na prima.

– Não se preocupe em agradecer, minha querida. Nada acontece por acaso nesta vida, em nenhuma delas. Agora procure dormir. Você precisa desse sono para se refazer, acredite.

Cinco Dias no Umbral

– Obrigada, Nina.

– Nina, passado o período equivalente a dois dias, pode vir buscar Soraya. Ela estará recuperada.

– Que ótimo! Você saberia me dizer para onde ela será levada para começar a ajudar na colônia?

– Até onde sei, assim que ela estiver prontamente recuperada, você deverá levá-la ao encontro do Irmão Daniel. Sua missão com Soraya ainda não terminou.

– Entendi, tá bom. Muito obrigada, Dr. Marcos. Então voltarei daqui a dois dias para buscá-la.

Nina retorna ao setor infantil para cuidar das crianças que a esperavam saudosas e muito ansiosas. Impossível negar que Nina ficou bem pensativa sobre o que o Dr. Marcos havia falado. O que será que estaria guardado para as duas? Que missão seria essa? Ficou quase tão ansiosa quanto as crianças que gritavam bem alto e pulavam de um lado ao outro quando viram Nina no vidro da enfermaria infantil. Nina sorriu e na mesma hora esqueceu de todas as preocupações, entregando-se àquela alegria contagiante e inocente.

Mais tarde, recebeu uma visita ilustre.

– Nina, podemos dar uma caminhada pela Colônia? Preciso falar com você.

– Oi, Irmão Daniel, claro. Vou só pedir para Juliana ficar aqui no meu lugar e vamos.

~ 182 ~

Nina e Daniel caminhavam em ritmo de passeio por uma trilha muito bonita. Nina tinha pequenos enfeites de flores para prender os cabelos.

– Você deixou Soraya aos cuidados do Dr. Marcos?

– Sim, Daniel, ela já está dormindo o sono da recuperação.

Como geralmente agia desta forma, Daniel foi direto ao ponto e, de forma assertiva, disse assim:

– Assim que ela estiver pronta, Nina, você fará uma nova viagem com ela.

– Aonde iremos?

– Você levará Soraya na Colônia Nosso Lar.

– Nossa, muito legal! Mas para quê? Não me diga que ela vai ficar lá?

– Até onde sei, não, não é para ela ficar lá. Na verdade, a família de Soraya tem orado muito pedindo notícias dela. Por isso, nos foi orientado que temos que levá-la à Colônia. Nosso Lar para que ela consiga enviar uma mensagem para seus pais.

– Hum, entendi. Muito legal. Muito me orgulha tal convite, Daniel, obrigada mais uma vez pela honra e confiança. Inclusive, me ocorreu algo: será que eu poderia aproveitar para tentar me comunicar com minha mãe e meus irmãos? Seria tão bom...

~ 183 ~

Cinco Dias no Umbral

– Sim, Nina, claro. Aproveite a oportunidade e comunique-se com eles. Mande notícias suas. Eles ficarão muito felizes.

– Obrigada, Daniel, farei isso.

– Mas não vim aqui apenas para fazer esse convite a você. Venho percebendo que a Irmã tem andado muito triste pelos cantos da colônia. O que houve?

– Você é sempre tão perceptivo, né? Nem adianta tentar disfarçar. É por causa de Felipe, Daniel. Tenho orado tanto, todos os dias, pedindo à nossa Mentora que nos permita resgatá-lo. Não tiro ele da cabeça um segundo sequer. Mas minhas preces parecem ser em vão.

– Minha querida Nina, nenhuma prece feita pelo coração é em vão. Todas as preces são ouvidas por nossos superiores que as registram e buscam respondê-las em tempo hábil.

– Entendo, mas é tudo tão doloroso. Não consigo sequer imaginar que o Felipe continua sofrendo no Umbral.

– Ele ainda não foi resgatado por motivos que ainda não temos conhecimento. Também tenho orado muito pelo Felipe, todos os dias. Peço à nossa Mentora que nos permita tirá-lo de lá.

– Sei, Irmão Daniel, Catarina sempre me foi fiel. Ainda meninas, vivemos juntas experiências em que eu não ti-

OSMAR BARBOSA

nha dúvidas de sua bondade e lealdade. Só não consigo entender o porquê da demora para resgatar um menino tão do bem quanto Felipe. Respeito profundamente, mas confesso não entender.

– Alegre-se, Nina, pois tenho certeza de que ela ouve suas preces e está buscando a resposta e a ajuda que nós tanto desejamos e que você precisa. Assim que você voltar de Nosso Lar, tenho algumas tarefas para você em uma casa espírita.

– Que bom, fico muito feliz em ser útil!

E, como sempre muito ansiosa, Nina não se conteve.

– Você já sabe o que é? O que exatamente quer que eu faça?

– Preciso que você acompanhe o Irmão Rodrigo nas jornadas dele na Terra. Muitos pacientes com câncer o têm procurado, e é preciso o reforço de mentores em uma das casas espíritas que ele supervisiona. Há casos de crianças que precisam de seu suporte para o atendimento.

– Prontamente, Daniel. Para mim será um prazer ajudar.

– Vou solicitar depois que você procure a doutora Patrícia, na enfermaria de número quatro. Você vai fazer os treinamentos necessários para o trabalho na Terra.

– Farei sim, com grande alegria.

Cinco Dias no Umbral

– Isso lhe fará um bem enorme, inclusive.

– Obrigada, Daniel, pela oportunidade de servir e evoluir.

– Então tá ótimo. Adorei nosso passeio e nosso papo. Tenho certeza que você ajudará a todos que, em nome de nossa Mentora, lhe pedirem ajuda.

Nina se sentiu muito melhor e mais feliz depois da conversa reconfortante com Daniel. Afinal, o tão desejado trabalho na Terra foi concedido a ela. Nina sabe que essa nova tarefa poderá auxiliar, e muito, na sua evolução. Sabe que o trabalho nas casas espíritas eleva mais rapidamente os espíritos que mais se esforçam.

* * *

Na tarde do segundo dia, Nina recebeu um recado de Lucas.

– Nina, a menina Soraya despertou do sono.

– Que ótimo! Muito obrigada, Lucas. Vou procurar Dr. Marcos e conversar a respeito do estado dela.

Nina foi então correndo à enfermaria e se surpreendeu ao chegar lá. Soraya já estava de pé, com um esfregão na mão, ajudando na limpeza do salão da enfermaria.

– Olha só, vejo que já está plenamente recuperada, sua danadinha.

~ 186 ~

– Sim, sim, sim! E isso aqui é o mínimo do mínimo do mínimo que posso fazer para tentar retribuir um pouquinho do tanto que to- dos vocês fizeram por mim. Eu estou me sentindo ótima.

– Que ótimo! Então me passa esse balde pra cá porque eu vou ajudar você. Depois temos outra tarefa também muito importante para realizarmos juntas.

Ao terminarem o serviço, antes de saírem da enfermaria, Nina pede para Soraya aguardá-la na porta do lado de fora da enfermaria. Não disse à Soraya, mas queria conversar reservadamente com o Dr. Marcos.

– Olá, Dr. Marcos, como vai?

– Muito bem, Nina, e você? Vi como vocês estavam se divertindo em nos ajudar a manter a enfermaria tinindo. Muito obrigado.

– Que nada, acima de tudo, ainda foi divertido. Então, doutor, preciso saber se Soraya está pronta para sair da colônia. Daniel me disse que preciso levá-la em Nosso Lar.

– Olha, que interessante, que instigante. Mas, sim, claro, Soraya já está mais do que preparada para acompanhá-la.

– Que ótima notícia! Obrigada, Dr. Marcos.

As duas caminhavam sorridentes pela colônia, com uma alegria de criança, que a todos contagiava pelo ca-

Cinco Dias no Umbral

minho. Parecia de fato que se conheciam havia séculos. Chegando ao gabinete do Irmão Daniel, Nina bateu duas vezes na porta e entrou dizendo.

– Irmão Daniel, com sua licença.

– Ora, ora, não é que vejo que a senhorita Soraya já está plenamente recuperada. Como você está limpa, espiritualmente impecável, impressionante. Meus parabéns!

– Sim, sim, Irmão Daniel, estou me sentindo ótima.

– Que bom, Irmã! O tratamento com passes magnéticos, água fluidificada e o sono reenergizante é incrivelmente poderoso. Pode-se ver que todas as impurezas de seu espírito foram completamente eliminadas. Que ótimo trabalho da equipe do Dr. Marcos!

– Irmão, sobre nossa visita à Colônia Nosso Lar, estamos ansiosas demais. Já contei para a Soraya no caminho para cá e ela ficou extasiada, né prima? E o Dr. Marcos me confirmou que Soraya já está pronta para a viagem.

– Sim, Nina, que ótimo! Façamos o seguinte: preparem-se, pois pedirei ao Marques para acompanhá-las nesta empreitada.

Daniel manda um sinal a Marques para que ele o encontre imediatamente em sua sala.

– Irmão Marques, você me faria um enorme favor? Levaria as irmãs Nina e Soraya à Colônia Nosso Lar para que elas se comuniquem com seus familiares?

– Sim, Irmão Daniel. Fico lisonjeado com a missão e agradeço de coração.

Saíram do gabinete de Daniel e caminharam na direção da praça central. Lá chegando, os três avistaram uma linda carruagem branca cintilante, com lindos cavalos brancos como a nuvem. Ela se aproximava do portal de entrada do galpão central da colônia. Nina, Soraya e Marques embarcaram.

– Soraya, estou te sentindo meio para baixo, justo agora. Por que está assim? O que houve?

– Sinto muitas saudades dos meus pais. Gostaria muito de poder abraçá-los.

– Não fique assim, Irmã. Vamos falar com o Irmão Daniel e quem sabe ele nos autoriza, hein? Não é uma boa ideia?

– Obrigada, Nina.

– Fique tranquila. Todos da sua família estão bem, tocando a vida pra frente. Sua mãe e seu pai estão convertidos à Doutrina dos Espíritos e isso tem ajudado bastante, a eles e a você. Estão conformados com sua ausência e oram sempre por você, compreendendo tudo.

~ 189 ~

Cinco Dias no Umbral

– Muito bom ouvir isso tudo, sempre. O Dr. Marcos havia me dito que as preces dos meus pais ajudaram muito na minha recuperação.

* * *

A carruagem adentrou os portões da Colônia Nosso Lar. Nina e Soraya ficaram fascinadas com a beleza do lugar. Jardins nunca vistos na Terra, uma linda música clássica, espíritos elevados passando a todo momento por elas e cumprimentando a todos, dando boas-vindas. Os três foram recebidos pela Irmã Lurdes, que dirige o setor de psicografias que são enviadas para a Terra, por intermédio das casas espíritas. Lurdes fez um rápido passeio com o grupo pelo local e explicou todos os detalhes sobre as formas de comunicação entre espíritos desencarnados e encarnados. Chegado o momento em que elas deveriam escrever suas mensagens, Lurdes explicou que o ideal é que escrevessem poucas linhas, pois os familiares precisavam de notícias objetivas a respeito do estado em que elas se encontravam. Mensagens grandes acabavam virando história e esse não seria o objetivo das mensagens enviadas à Terra.

Nina e Soraya agradeceram muito a grande possibilidade de se comunicarem com seus familiares, tendo a oportunidade de tentar tranquilizá-los. Soraya estava bastante preocupada com a forma como ocorreu seu desencarne e imaginou que seus pais estivessem sofrendo muito, sem compreender. Nina começou então a escrever sua mensagem primeiro.

> *Querida mãezinha, querido papai e irmãos. Permitiram que eu escrevesse estas linhas para tranquilizá-los a respeito do meu estado espiritual. Estou bem. E feliz. Fui muito bem recebida e sou útil a todos. Cuido de crianças e isso me deixa imensamente feliz. Mãezinha querida, o tempo em que estivemos juntas foi necessário para a minha evolução e aprendizado ao lado de todos vocês. O amor que carrego em meu coração, agora plenamente recuperado, é eterno. O que muito me conforta são os melhores momentos em que estivemos juntos. Saiba que nunca me esquecerei de todos vocês. Com amor, Nina.*

– Agora é sua vez, Soraya.

– Obrigada, Marques.

> *Papai, escrevo esta carta para dizer a você que suas ausências em minha criação de forma nenhuma me fizeram diferente, por-*

Cinco Dias no Umbral

que o amor que você me dava nos fins de semana foi suficiente para formar o amor que tenho em meu coração. Minha querida mãe, hoje sei que os conselhos que você me dava eram só para me ajudar e me guiar. Deveria ter te escutado e não ter me perdido em amizades falsas. Minha vaidade me fez muito mal. Sei que não fui uma boa filha, mas te amo e é isso que importa. Agradeço de coração todas as orações que você e todos aí têm feito por mim. Isso me ajudou muito. Agora estou com Nina aqui, minha prima, que me acolheu e tem me orientado nessa nova tarefa. Obrigada do fundo do coração pelas suas preces. Te amo, Soraya.

Dia 5

"Não há problema que não possa ser solucionado pelo amor."

Osmar Barbosa

O tempo estava totalmente fechado no Umbral. Parecia que tudo estava ainda pior, com raios, trovões e muita chuva. Felipe, abrigado em uma caverna, ouvia muitos ruídos, bem intensos, vindos do lado de fora. Foi então que, do nada, alguém apareceu na frente da entrada da caverna. Era uma mulher. Estava gemendo de dor. Felipe imediatamente se prontificou a ajudá-la, como fazia com todos que apareciam por ali. Aquela pobre mulher precisava urgentemente abrigar-se da chuva e ele a convidou, chamando-a de longe. A mulher adentrou a caverna agradecendo.

– Obrigada, moço. Não consigo andar. Minhas pernas estão fracas. Há dias não como nada e não bebo água. Só tenho conseguido rastejar por este lodo nojento. Que diabos de lugar é esse que o sol nunca aparece?

Felipe já estava nitidamente transtornado, pois reconheceu aquela voz e aquele jeito de reclamar. Era sua mãe. Estava irreconhecível. Muito mais magra, muito debilitada e ainda coberta de lodo da cabeça aos pés. Correu na sua direção e abraçou bem forte sua mãe, tão forte, que ela chegou a cair em si.

Cinco Dias no Umbral

– Mãe, é você, não é? Mãe?!?!

– Como assim "mãe"? Minha nossa, não me diga que... minha nossa, é você, Felipe?

– Sim, mãe, sou eu.

– Meu Deus. Mas como você está bem.

Felipe não havia se dado conta ainda, mas a rotina diária de preces e energização pela oração estava modificando sua aura espiritual. Suas feições estavam nitidamente se transformando e seu estado estava bem melhor.

– Mãe, o que aconteceu com você, o que você fez?

– Eu não fiz nada.

– Mas mãe, isso aqui é o Umbral.

– O que é isso?

– É o lugar para onde os espíritos ruins vêm e ficam por aqui vagando para tentar evoluir e sair.

– Mas como assim? E você? Você nunca fez mal a ninguém. Por que você está aqui?

– Não sei, mãe. Sinceramente, não sei. Só sei que estou aqui há bastante tempo. Tento sair, mas não consigo. Tenho feito muitas orações, diariamente, e nada de sair daqui.

– Será que é por minha causa que você está aqui? Meu filho, me perdoe por fazer você sofrer tanto assim. Minha nossa, o que fiz da minha vida? O que fiz com você? Minha nossa...

– Não se preocupe mais, mãe. Você agora precisa orar muito, para Deus e para todos os espíritos de luz, pedindo misericórdia. Peça para eles enviarem bons espíritos para lhe ajudar.

– Meu filho, mas como? Não sei fazer esses negócios. Nunca rezei, nunca fui à igreja, nem em Deus acredito.

– Mãe, não diga isso. Você verá que tudo tem uma lógica incrível por aqui no plano espiritual. Eu vou ensinar você a orar. Há alguns dias eu estava socorrendo uma menina e vieram bons espíritos para socorrê-la. Eles me ensinaram a orar mais corretamente com o intuito de conseguir o meu resgate. Mas agora você precisa descansar, mãe. Vem, deita aqui e descanse. Vou buscar água para você.

– Obrigada, filho.

Felipe caminhou na direção do pequeno riacho de águas turvas, como se fossem barrentas, mas de um barro negro, escuro. Trazia no peito um misto de alegria, por rever sua mãe, e tristeza, pelo estado em que ela se encontrava. Também estava muito preocupado por não saber o que estava reservado para ela.

– Mãe, voltei. Trouxe a água para a senhora. Eu aprendi a fluidificá-la para ficar pronta para beber.

Cinco Dias no Umbral

– Obrigada, Felipe. Meu filho, estou tão feliz em te ver!

– Eu também, mãe. Muito feliz.

– Agora o que faremos para sair daqui? Preciso melhorar logo para caminharmos e achar um lugar melhor para viver.

– Calma, mãe, por ora procure descansar. Assim que você acordar podemos conversar melhor sobre isso.

* * *

O tempo passa lentamente no Umbral. Provavelmente, o clima denso e o sofrimento fazem com que tudo seja sentido de forma mais pesada e lenta. Algumas semanas depois da chegada da mãe de Felipe, eles estavam se conformando com a dura realidade diária dos dois. Foi quando, em uma manhã, algo surpreendente aconteceu.

– Felipe, acorda, Felipe, meu filho.

– Sim, mãe, oi, o que houve?

– Venha comigo, anda, venha. Tenho uma coisa para te mostrar.

– Como assim? Onde?

– Vem, menino, vou te mostrar.

Felipe olhou para sua mãe e não entendeu absolutamente nada. Os cabelos negros agora brilhavam como se

~ 200 ~

tivessem sido lavados e tratados. Pele e dentes brancos que estampavam o sorriso mais bonito já visto por ele. Seu vestido parecia ter saído de uma loja, com o comprimento abaixo dos joelhos. Em seus pés, uma sandália de cor dourada, do tipo franciscana.

Admirado pelo que via diante de si, chegou até mesmo a imaginar que estava sonhando e que tudo não passava de devaneio de sua cabeça, já tão combalida pelo longo período no Umbral. Passando as mãos sobre os olhos, como se quisesse despertar, Felipe custa a acreditar no que vê. Sem alarde e aos poucos, seu coração é invadido por uma enorme alegria. Dentro de seu peito, seu coração agradece por tudo o que ele vê nesse momento. Em seus pensamentos, Felipe agradece. Se sente aliviado e feliz. Caminhando leve, segurando a mão de sua mãe, eles se dirigiam exatamente ao local onde, todos os dias, Felipe fazia suas orações.

– Olha, filho, parece que há algo brotando ali. E é diferente de tudo que tem nesse lugar...

– Minha nossa, mãe, não acredito. É um brotinho de folha verde. Que incrível! Esse foi o local em que eu plantei as sementes que os espíritos de luz me deram. Aqueles que vieram buscar aquela menina, a Soraya. E parece mesmo que alguma coisa está nascendo aqui. Que incrível!

– É mesmo incrível.

Cinco Dias no Umbral

– É, mãe, muito impressionante mesmo. Venho orando sobre essas sementes há muito tempo. É recompensador agora ver que valeu a pena.

– Sim, meu filho. Depois que você me ensinou a orar, tenho vindo aqui e converso muito com Deus. Embora eu duvide e ache isso meio estranho, me faz bem. Me ajuda a organizar os miolos. Venho agradecendo a ele por ter encontrado você e por estar novamente a seu lado. Peço a Deus que permita que você vá para um lugar melhor. Também agradeço por não sentir a necessidade da droga, que por muitos anos me acompanhou. Venho sempre pedindo a Deus que o ilumine e que você seja muito feliz.

– Obrigado, mãe. Você não imagina a alegria que tive hoje ao acordar e ver tanta beleza nessa minha mãezinha que sempre amei.

* * *

Os trabalhos estão a todo vapor na Colônia Amor & Caridade. Infelizmente, muitos espíritos desencarnados chegam a cada novo dia na Colônia Amor & Caridade, devido ao grande aumento da incidência de câncer na Terra. Vários espíritos, vindos inclusive de outras colônias, auxiliam no atendimento fraterno e na recepção daqueles que chegam muito abatidos e transtornados com a partida brusca da Terra. Alguns galpões já não comportam o número de pacientes. Nas enfermarias infantis, Nina e sua equipe recebem as crianças transtornadas, e muito abaladas, com o desencarne logo em um período tão especial quanto a infância.

Nina caminhava em direção ao gabinete de Daniel. O caminho passava pelos jardins da colônia, o lugar preferido por Nina para pensar em Felipe. Em seus pensamentos, diversas imagens de Felipe surgem. Nina volta a lembrar dos momentos felizes que viveram juntos. Seu coração batia forte, igual ao de uma criança que brinca com os amigos no parque. Lembranças, emoções e recordações de Felipe que jamais saíram de seu pensamento e de seu coração.

– Irmão Daniel, que bom revê-lo, tudo bem?

– Sim, Nina.

– Daniel, vim te procurar, pois gostaria de saber se há alguma notícia de Felipe.

– Sim, temos notícias sim. Após nossa saída do Umbral, Felipe tem se dedicado todos os dias a orar e também a fazer o bem, realizando muitos atos caridosos. Toda essa dedicação, aliada à fé, tem melhorado muito seu estado nas regiões umbralinas. Ainda mais que o que ele estava esperando já está lá, ao seu lado. Logo, acredito que em questão de dias, Felipe poderá ser resgatado.

Cinco Dias no Umbral

– Que notícia maravilhosa! Não sabe a alegria que me destes com essa notícia.

– Olha, sei sim, viu Nina. Também tenho acompanhado suas orações e ele sempre tem estado nelas. Suas preces estão também refletindo sobre o estado de Felipe e isso tem ajudado muito.

– Ainda não entendi por que nós não pudemos trazê-lo para cá. Por vezes, chego a me questionar. Questiono se minhas orações fazem efeito mesmo.

– Tudo tem seu tempo, Nina. A vontade do Pai sempre prevalece sobre qualquer outra coisa que possamos imaginar. Seus propósitos, por vezes incompreensíveis, sempre resultam em amor.

– Entendo, Daniel. Isso muito me motiva a seguir em oração.

– Sim, Nina, faça isso.

– Ah, já ia me esquecendo. Venha, pois tenho uma coisa para te mostrar. Venha comigo, me acompanhe.

Saíram do pavilhão central onde fica o gabinete de Daniel e caminharam alguns metros para dentro da praça principal. Logo em frente avistam um grande gramado. Daniel pede a Nina que pare e olhe com muita atenção para o jardim que fica ao longe, no centro desse grande gramado.

– Não estou vendo nada, Daniel, apenas o gramado.

– Olhe com atenção, Nina.

– Onde?

– Ali, olhe – Daniel apontando, tenta mostrar o local exato à Nina.

– Não consigo ver, o que é?

– Olhe, Nina, mas com os olhos do coração, não com os olhos normais. Respire fundo, concentre-se e olhe com os olhos do amor que você tem pelo Felipe.

– Meu Deus! Minha nossa! Querida Catarina, que lindo!

– Está vendo agora?

– Sim, estou, incrível. É um lindo jardim de flores amarelas que começa a brotar ali.

– Pois é. Você se lembra daquelas sementes que dei ao Felipe?

– Sim, claro, me lembro muito, todos os dias penso nelas.

– Pois bem: elas estão a brotar, finalmente.

– Minha nossa! E o que isso significa?

– Significa que, em breve, Felipe vai chegar.

Quase desfalecendo, Nina segura as mãos de Daniel e não consegue conter as lágrimas que correm em seu rosto. As pernas tremiam. Lágrimas cristalinas de felicidade

Cinco Dias no Umbral

desciam pelo seu rosto. Daniel a abraçou calorosamente e, juntos por alguns minutos, Nina chorou compulsivamente em seu ombro, estando profundamente agradecida.

– Daniel, não tenho palavras para demonstrar minha alegria e felicidade.

– Não há o que me agradecer. Na realidade, o que fez com que nesse jardim brotassem flores tão lindas foram as preces e os pedidos que você e Felipe têm feito em comunhão. Inclusive, você sabe, as preces ajudaram muito para que ele saísse da condição em que estava.

– Deus, Todo-Poderoso, caridoso e bondoso, muito obrigada por tudo!

– Sim, Nina, é justamente a ele que devemos agradecer.

– Obrigada, Daniel, obrigada, mil vezes obrigada.

Nina se despede e decide ir até a capela principal para agradecer a Catarina.

* * *

– Felipe.

– Sim, mãe.

– Tive um sonho esta noite. Quero te contar. Senta aqui, filho. Eu sonhei que você estava indo embora. Sonhei que um lindo cigano, em um cavalo branco, vinha aqui e te convidava a ir com ele. E você não queria me deixar.

– Mãe, realmente eu só saio daqui com você.

– Eu sei, filho, sei que esse é o seu desejo. Mas gostaria que você soubesse que os motivos que me trouxeram aqui não foram só as drogas. Sabe, filho, eu errei muito lá na Terra. Errei com todo mundo e, principalmente, com você.

– Mas, mãe...

– Por favor, fique quieto, me deixe falar. Respeite sua mãe. Meu filho, fui molestada e abandonada, ainda criança, por um homem. Tive uma infância muito difícil e conturbada. Minha mãe não teve a coragem de me assumir e denunciar o homem que me atacou. Daí fugi e fui para as ruas, e foi lá que fiz minha história. Uma história triste de roubos, drogas e prostituição. Hoje percebo isso com clareza. Você foi uma grande vítima disso tudo. Vítima do meu destino, vítima dos erros que cometi. Eu deveria ter mudado quando você nasceu. Deveria ter cuidado de você e da minha vida. Tive algumas oportunidades de consertar tudo, mas a falta de fé e de entendimento da vida me fez ser uma mulher totalmente desconectada da esperança.

Felipe ouvia cada palavra, sem piscar. Estava emocionado com a franqueza da mãe, que mostrava estar evoluindo em meio ao Umbral. Yara continuou:

– A Joana, que te acolheu com tanto amor, me devia muitos favores. Ela sentia uma enorme dívida em relação

Cinco Dias no Umbral

a mim, pois ela foi a pessoa que me apresentou às drogas, quando ainda éramos adolescentes. Mas hoje, eu só queria te dizer que se um dia você tiver que partir, se algum dia, algum espírito desses, que você fala serem cheios de luz, vier te buscar, não pense duas vezes. Vá, siga adiante. Parta desse lugar horrendo na mesma hora. Continuarei aqui, cuidando do jardim que você plantou. Junto com as orações que você me ensinou, saberei percorrer meu caminho evolutivo e, um dia, encontrarei você onde quer que estejas. Pois o amor que tenho jamais me afastará de você novamente. Sei que Deus me dará a oportunidade de consertar todos os meus erros. E é nisso que acredito, meu filho. Saiba que te amo muito.

– Também te amo muito, mãe. Saiba que jamais culpei você de nada. Eu te amo e sempre te amarei, independentemente de qualquer coisa.

Felipe e Yara se abraçaram por alguns minutos e, em silêncio, sentiram em seus corações a alegria indescritível que só o perdão cúmplice e sincero pode oferecer...

Alguns dias depois deste momento, um homem apareceu em frente à caverna. Com uma voz grossa e tranquila, o homem se dirigiu a Yara.

– *Buenos días, Señora.*

– Bom-dia...

O coração de Yara disparou a toda velocidade. Relembrou imediatamente do seu sonho ao ver aquele cigano em seu cavalo branco à sua frente. O sonho que havia contado a Felipe se tornava realidade. Yara sabia que esse moço é quem iria levar seu amado filho para longe de todo aquele sofrimento.

– O Felipe está vivendo nessa caverna, não é?

– Felipe? Quer falar com Felipe? Sim, sim, claro.

– Isso, posso falar com ele?

– Ah, sim, claro, vou chamá-lo, sim, está lá dentro.

– Felipe! Tem um moço lá na frente chamando por você. Quer falar com você.

– Estou aqui, mãe. Estou indo. Que homem é esse? Temos que nos esconder? É espírito obsessor?

– Não, garoto, que espírito obsessor o quê. É um homenzarrão de dois metros, cheio de panos bordados, lindo que só. Anda logo.

– Olá, Felipe.

– Rodrigo, não creio, que bom revê-lo!

– Também estou muito feliz em revê-lo e mais feliz ainda com a razão de minha visitinha. Venho por ordem de Catarina de Alexandria para buscar você, meu caro Felipe.

– Meu Deus, mãe, o seu sonho virou realidade.

~ 209 ~

Cinco Dias no Umbral

– Sim, filho, minhas preces foram atendidas e agora é hora de você viver sua felicidade, seguir seu caminho. Seu tempo de estada neste lugar acabou. Agradeço muito a você pela linda missão que cumpriu em me esperar e me evangelizar, me preparando para também tentar sair daqui e para as minhas vidas futuras.

– Mas, Rodrigo, desculpe-me perguntar, mas só eu poderei ir com você?

Rodrigo desceu do cavalo e pediu um pouco de água para o animal. Yara foi lá para dentro buscar e Rodrigo aproveitou para poder responder à pergunta de Felipe.

– Olha, Felipe, as ordens são para levar apenas você à Colônia de Catarina. Você mesmo sabe, tendo sentido na própria pele, que quando temos uma orientação é preciso segui-la à risca.

Por alguns segundos, Felipe fez uma reflexão sobre o momento tão esperado. Mas, ao mesmo tempo, no quanto seria difícil deixar sua mãe ali. Lembrou-se de Nina e em como ela deve ter sofrido em ter que deixá-lo para trás também, naquela ocasião. Yara retornou com uma água para Rodrigo e uma cumbuca para o cavalo branco, que pareceu agradecer com a cabeça. Felipe foi na direção de sua mãe.

– Mãe, gostaria muito que você fosse comigo.

OSMAR BARBOSA

– Não, filho, sinto que ainda não é a minha hora. Prometo que vou continuar orando e pedindo, como você me ensinou. Mas não é minha hora. É a sua, e você deve aproveitá-la, pois é fruto de total merecimento seu.

– Obrigado, mãe. Agradeço muito a Deus e a todos os espíritos de luz por você estar tão revigorada. E é isso mesmo, mãe, nunca deixe de orar. Estarei sempre em prece por você, rogando a Deus e a Catarina para que permitam o nosso novo reencontro.

Felipe tenta se recompor de tamanha emoção. Pede a Rodrigo alguns minutos a mais para deixar algumas orientações e tudo mais organizado para a mãe. Ao voltar, Rodrigo já o aguardava novamente montado no cavalo. Não havia tempo a perder.

– *Este es su caballo, estimado Felipe.*

Felipe dá um longo abraço em sua mãe, acariciando sua face com um gesto tão gentil e amoroso que só um filho conseguiria fazê-lo. Passa a mão carinhosamente entre seus cabelos e a abraça mais uma vez. Ambos estão em lágrimas.

Felipe monta em seu cavalo e eles partem. Yara acompanha com o olhar a partida de Felipe. Lágrimas correm pelo seu rosto, suave e brando, tendo se transformado pela paz e pela certeza de que seu filho está em boas mãos. Felipe se

Cinco Dias no Umbral

surpreendeu com o índio que estava mais à frente, resguardando o caminho de Rodrigo, junto a outro guardião. Felipe o cumprimentou saudoso. Todos seguiram juntos em caravana, rumo à colônia. Seu coração bateu tão rapidamente de alegria quanto o galope veloz dos cavalos. Felipe não via a hora de chegar e abraçar Nina.

– Obrigado, Rodrigo, índio, guardião, por virem me buscar.

– Suas preces foram o seu resgate, Felipe. Por meio de sua fé conseguimos estar aqui para buscar *usted*. *Ahora* vamos a seguir adiante, porque *tenemos* bastante *trabajo* por fazer.

* * *

– Tia Nina, tia Nina, tia Nina...

– Sim, meu amor.

– Você tem namorado?

– Não, querida, aqui não se tem namorado – risos.

– Ué, por quê?

– Os espíritos se afinam por sentimentos puros e seguem viagem pelos mundos espirituais em comunhão evolutiva. Nosso objetivo maior é a perfeição.

– Você é tão bonita. Acho que devia arrumar um namorado.

– Manuela, vamos deixar essa conversa de lado por ora e vamos estudar, menininha sapeca. Volte à leitura do livro que solicitei a vocês, sua espertinha.

– Tá bom então, ué. Mas é que teve um moço aqui, bonito que só, e que disse para te entregar essa flor. Ele me disse que era seu namorado. Eu não entendo mais nada, viu...

– Oi, Manuela? Como é que é? O que você falou?

– Que não entendo mais nada...

– Não isso, o que disse antes... ah, Manuela deixe de inventar histórias. Essas crianças têm uma criatividade, impressionante.

– Não, tia, não é mentira não. Olhe para a flor e você vai entender.

Pálida, sem palavras, com as pernas bambas, Nina pegou a flor amarela em suas mãos e reconheceu de onde ela era. Muito emocionada, trêmula, se apressou em deixar a sala de aprendizado da ala infantil para rapidamente correr na direção do jardim principal, diante do grande galpão. Aquele mesmo que Daniel havia mostrado para ela dias atrás. Ao chegar, Nina ficou muito surpresa com a quantidade de flores amarelas que haviam brotado no grande gramado que existia ali. Eram grandes, bonitas, como nunca havia visto. E tinham uma aura de luz, igualzinha à luz que envolvia as sementes que o índio havia

Cinco Dias no Umbral

entregue a Daniel. Nina olhou à sua volta e não viu nada além das flores. Procurou com o olhar em volta das flores e nada. Pensou que realmente devia ser uma brincadeira da senhorita Manuela. Nina então se virou para retornar para a ala infantil já pensando na bronca que ia dar na menina brincalhona.

Mas, de repente, escutou um assobio. Virou quase que em câmera lenta. Conhecia aquele assobio de sua infância, quando Felipe a chamava, quando chegava em frente à sua casa no bairro em que moravam. Um assobio que arrepiou todos os seus poros e a fez voltar no tempo uns vinte anos. Um assobio que sempre representava para ela uma alegria sem fim, pois significava que Felipe estava em frente de sua casa para vê-la, para conversarem por horas a fio, para serem felizes, como eram na infância e na adolescência que viveram juntos. Um assobio indefectível que só poderia ser de Felipe mesmo.

Nina olhou novamente para o jardim de flores amarelas e viu Felipe em pé, bem no meio, de braços abertos. Os dois correram para se abraçar diante de praticamente toda a colônia, que neste momento já estava observando a cena.

– Felipe!

– Nina! Ô, Deus, obrigado! Meu amor! É você mesma, é você mesma, aqui nos meus braços?

– Sim, meu amor, sou eu. Como é bom ter você aqui, poder te abraçar, ouvir sua voz, seu assobio inesquecível!

– Sabia que você ia gostar de ouvi-lo novamente. Mas alegria mesmo é a minha, em reencontrar você, aqui nesse lugar incrível. Quero saber de tudo que acontece aqui e como posso ajudar.

Daniel assistia à cena de longe e se aproximou com um lindo sorriso no rosto. Desde a despedida no Umbral, Daniel sabia que o desfecho poderia ser este. Só dependia das orações de todos, especialmente de Nina e Felipe.

– Irmão Daniel! – exclamou Felipe imensamente feliz em rever este santo homem.

– Olha, Irmão Daniel, quem finalmente chegou! – Nina falou com um enorme sorriso no rosto.

– É, minha querida Nina, nosso querido Felipe. Que bom! Temos mais um obreiro do bem entre nós.

– Quero muito ajudar a todos no que for preciso.

– Meu caro Felipe, aqui realmente é um lugar de muita dedicação e trabalho. Nós não paramos de investir nosso tempo em nossa evolução um segundo sequer. Preciso que você auxilie Nina nas aulas ministradas para as nossas crianças. Você será profundamente útil nos ensinamentos, ensinando-as a ler e a escrever. Elas precisam aprender, pois seus pais aguardam ansiosamente mensa-

Cinco Dias no Umbral

gens psicografadas na Terra. Anseiam por notícias de seus filhos. Alguns pais consideram que eles estão simplesmente falecidos. Outros, conhecedores da Doutrina Espírita, sabem que seus filhos se encontram vivos na eternidade.

– Claro! Farei o que for preciso, Daniel, para ajudar a todos vocês.

– Com o tempo entenderás ainda mais que, no fundo, estarás ajudando a si mesmo também. Cada segundo de caridade é um segundo a mais na evolução espiritual.

– Linda mensagem, Irmão Daniel. Sou muito grato pela ajuda que vocês me deram. Jamais esquecerei o carinho e as preces que me tiraram do Umbral.

– Você é muito bem-vindo, Felipe. Precisamos de irmãos como você para esta obra.

Lucas se aproximou trazendo um grupo de crianças, que logo abraçaram Felipe. Manuela foi logo a primeira que se atirou em um caloroso abraço de Felipe, brincando com ele a respeito do recado tão especial que ela dera a Nina. Emocionado, Felipe se abaixou e abraçou todas as crianças de uma só vez. Felipe então se recordou de sua mãe e levantou-se para conversar com Daniel.

– Fiquei muito emocionado e confuso quando o Cigano Rodrigo chegou para me buscar. Afinal, o dia tão esperado havia chegado. Mas deixar minha mãe não foi nada fácil, Irmão Daniel.

– Parece-me que agora temos mais uma pessoa para a qual precisamos direcionar nossas orações, não é mesmo?

– Agradeço, Daniel, muito mesmo, se você puder incluir a minha mãe em suas orações.

– Todos nos manteremos agora em oração por ela, e quem sabe um dia ela também não se junta a nós.

Nina concorda com a cabeça. Com um lindo sorriso ainda fixo no rosto, puxa Felipe junto com as crianças.

– Venha, vamos, quero que conheça tudo por aqui. Vamos mostrar tudo para você.

Nina e as crianças foram mostrar a Felipe toda a colônia. Os galpões, as alas e enfermarias, as salas, teatros e cinemas, os parques e jardins. Nina estava em uma alegria contagiante, ainda mais do que de costume. Apresentou Felipe às crianças internadas e que estavam aos seus cuidados na ala das crianças. Ao fim da visita, Felipe, muito emocionado, pediu à Nina para retornarem até a capela principal. Lá chegando, Felipe se colocou de joelhos e agradeceu à Catarina por tudo. E ali, lado a lado, de joelhos, Nina e Felipe estão juntos em oração e em plenitude.

* * *

No Umbral, Yara foi até o córrego para orar, quando se surpreendeu com um facho muito intenso de luz que

Cinco Dias no Umbral

se direcionava exatamente para o local onde repousavam as sementes plantadas por seu filho, Felipe. Yara só teve tempo e forças para dizer uma frase, antes de começar a chorar de uma forma profundamente emocionada e feliz.

– Meu Deus, uma linda flor amarela nasceu no local onde Felipe repousou as sementes. Meu Deus...

Fim

Nota do autor

Cinco Dias no Umbral é um dos livros mais lidos na atualidade. Aproximadamente quinhentas mil pessoas já leram este livro. Já foram fabricados mais de cinquenta mil exemplares desta obra, e o número de leitores satisfeitos não para de crescer.

Centenas de grupos de estudos, estão aprofundando os conhecimentos do espiritismo debruçados nos ensinamentos que Nina Brestonini e os demais espíritos trazem nessa psicografia.

Leve este livro para o seu centro espirita e partilhe das informações trazidas por eles para demais pessoas e grupos de amigos, assim todos poderão compreender melhor a vida depois desta vida.

Todo livro deve percorrer mentes, despertando sabedoria e conhecimento, por isso não deixe este livro parado em sua estante.

Doe livro, empreste livro, leia sempre...

Osmar Barbosa

Outros títulos lançados por
Osmar Barbosa

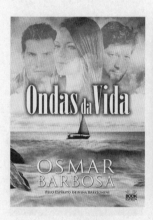

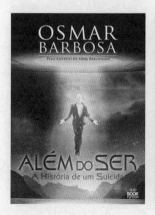

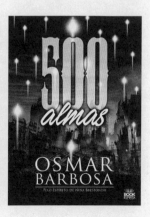

  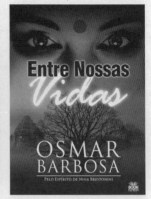
  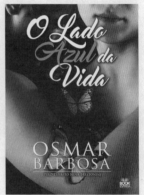
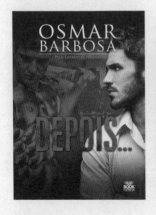  

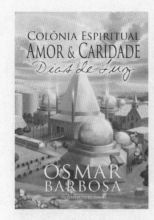

Vem aí...
Cinco Dias no Umbral - O Perdão.

Aguardem!!!

Esta obra foi composta na fonte Century751 No2 BT, corpo 13.
Rio de Janeiro, Brasil.